SANNHET OG FORSONING

Den Høyere påtalemyndighets
ansvar for ruspolitikk

Bok 12

Copyright © 2024 Roar A. Mikalsen www.lifelibertybooks.com

Alle rettigheter forbeholdt. Ingen del av denne boken kan gjengis uten skriftlig tillatelse unntatt ved sitater i artikler og produksjoner som fremmer samfunnsdebatt.

Første trykk, 2024

Innhold

Forord 7
Vitne 12: Førstestatsadvokat Runar Torgersen 11
Spørsmål til Førstestatsadvokat Runar Torgersen 13
Høyesteretts svikt 74
Grunnlaget for straff 86
Rushåndhevingsutvalgets rettighetsanalyse 100
30 år med sviktet fagansvar 112
Konstitusjonelt ansvar 189

Nulla poena sine culpa
-Ingen straff uten skyld-

Forord

I 30 år har juss som fagfelt sviktet. I 20 år har Justisdepartementet sviktet fagansvar. I 16 år har de forfulgte på rusfeltet vært uten effektiv minoritetsbeskyttelse.

Dette er utgangspunktet for en sannhets- og forsoningskommisjon. Det er klart straff videreføres på tilbakeviste premisser, at jurister har sviktet siden Johs Andenæs etterlyste prinsipiell debatt i 1994, at Justisdepartementet har sviktet fagansvar siden avvisningen av NOU 2002: 04, at Riksadvokaten har lukket øynene for vilkårlig forfølgelse siden 2009, at Høyesterett har sviktet forpliktelsen til et effektivt rettsmiddel siden 2010, at Kontroll- og konstitusjonskomiteen har sviktet ansvaret for rettsstaten siden 2018, og at Rusreformutvalgets, Rushåndhevingsutvalgets og Høyesteretts sikring av rettigheter er en rettskrenkelse mot de forfulgte. Prinsipiell og historisk kontekst avdekker i stedet forbindelsen til fortidens vilkårlige forfølgelse, og gjennom 15 dager i retten vil dokumentarfilm vises og vitner fra Justisdepartementet, regjeringen, fagfelt, politi- og påtalemyndighet, og Kontroll- og Konstitusjonskomiteen forklare seg om ansvaret for ruspolitikken.

Dette er den rett som følger av Grunnlovens § 89. Etter 60 år med en ruspolitikk uten grunnlag i forskning og rettsstatsprinsipper, var vilkårlig forfølgelse og svikt i ledelse utgangspunktet for sivil ulydighet. Alliansen for rettighetsorientert ruspolitikk (AROD) sendte 10 brev med til sammen 200 gram cannabis til de ansvarlige for ruspolitikken i november 2023, og fordi politiet ikke tok kontakt eller tok ut tiltale, ble det også satt opp en cannabiskafe på Bislett i Oslo, den 20. april 2024.

Saken er berammet for Oslo tingrett den 25-26. november 2024, men politi- og påtalemyndighet vil ikke la forsvaret legge frem bevis. Aktoratet vil heller dekke over 16 år med rettsløse tilstander som har fulgt av svikt i egen ledelse, og det pågår i disse dager en kamp for rettsstaten. Mens politi- og påtalemyndigheten vil beskytte forbudet fra konstitusjonell kontroll, vil forsvaret gi Norge en sannhets- og forsoningskommisjon, og det blir opp til domstolene å sørge for et effektivt rettsmiddel.

Dette er domstolens ansvar. Svikter dommerne dette ansvaret, vil ARODs sivile ulydighet fortsette og mer cannabis vil bli delt ut til statsadvokater og dommere som har motarbeidet prøvelsesrett. Nye saker vil kjøres gjennom rettssystemet til vi finner en dommer som respekterer rettsstatens garantier, og slik vil AROD hjelpe Norge ut av en kollektiv psykose. Ruspolitikken har i 60 år rasert lov og rett, men alt dette stopper når vi får vår dag i retten.

Det gjenstår å se om domstolene vil gi prøvelsesrett, men det er dommer og påtalemyndighetens ansvar å bygge integritet i lovverk. Ruspolitikken fortsetter på et konstitusjonelt sidespor fordi kvalitetssikring uteblir, og det er rettens oppgave å tilby et effektivt rettsmiddel.

Det er i den forbindelse at denne serien blir utgitt. Makten beskytter seg selv, slik den har gjort i 16 år, men prinsipper bygger landet, og i den grad man svikter prinsippene er man en landssviker. 60 år med forakt for rettsstatsprinsipper gjør fallhøyden stadig større, og det skal koste mye for jurister å motsette seg prøvelsesrett. Fra et konstitusjonsetisk ståsted, finnes ikke større forræderi, men allikevel vil altså påtalemyndigheten heller beskytte ukultur enn å ta et oppgjør med fortidens synder.

Som et tilsvar på påtalemyndighetens svik utgis derfor denne serien hvor vi eksponerer det som påtalemyndigheten og korrupte dommere vil holde skjult. Kun systemisk ukultur gjør at Justisminister og andre ledere er beskyttet fra Ansvarlighetslovens rekkevidde, og mens vi venter på vår dag i retten, legger denne serien frem alle bevis.

Roar Mikalsen, 15. oktober 2024

Vitne 12:

Førstestatsadvokat
Runar Torgersen

Vi har hørt vitner fra justisdepartementet, rushåndhevingsutvalget, regjeringen, og Kontroll- og Konstitusjonskomiteen forklare seg om ansvaret for ruspolitikken.[1] Det er klart straff videreføres på tilbakeviste premisser, at jurister har sviktet siden Johs Andenæs etterlyste prinsipiell debatt i 1994, at Justisdepartementet har sviktet sitt fagansvar siden avvisningen av NOU 2002: 04, at Kontroll- og konstitusjonskomiteen har lukket øynene for vilkårlig forfølgelse, og at Rusreformutvalgets, Rushåndhevingsutvalgets og Høyesteretts rettighetssikring er et våpen mot de forfulgte. Prinsipiell og historisk kontekst har vist forbindelsen til fortidens vilkårlige forfølgelse, og

---

[1] Denne serien bygger på saksdokumenter som er forberedt for en sannhets- og forsoningskommisjon i Oslo tingrett den 25. november 2024. Saksdokumentene er presentert på ARODs nettside, og linker til forskning og dokumentasjon som ikke er gjengitt her grunnet tidspress. Om leseren ønsker en videre forståelse, se www.arodpolicies.org/sannhet-og-forsoning

Førstestatsadvokat Runar Torgersen er innkalt for å kaste lys over påtalemyndighetens svikt og domstolenes manglende undersøkelser.

Statsadvokaten i Hedmark og Oppland ble ansvarliggjort for ruspolitikkens problem med menneskerettigheter i 2008. Siden har Oslo Statsadvokatembeter tre ganger videreført tradisjonen med å ugyldiggjøre rettsstatsgarantier, og Torgersen har siden 2009 vært sentral i beskyttelsen av en blindsone. Det var Torgersen som tok seg av jussen når Riksadvokaten i 2009 ugyldiggjorde prøvelsesretten, og som motsatte seg et effektivt rettsmiddel i forberedelsene til Høyesterett i 2010. Som leder for Rusreformutvalget sørget Torgersen igjen for at en blindsone besto, og Førstestatsadvokaten er innkalt for å forklare seg om påtalemyndighetens ansvar for svikt i rettsprosessen. 200 års rettshistorie er truet etter at Torgersen i 2009 satte rettsstatsgarantier ut av spill, og et oppgjør med etablert ukultur er den eneste måten å gjenreise tillitt.

Vitnemålet vil belyse påtalemyndighetens trenering av prøvelsesretten, samt fremme et effektivt rettsmiddel for de forfulgte på rusfeltet.

Spørsmål til Førstestatsadvokat Runar Torgersen

Forsvaret takker for tiden din. Du er godt kjent med rettighetsargumentet. Du har fulgt ruspolitikken siden du var sekretær for straffelovkommisjonen og var Førstestatsadvokat på Riksadvokatens kontor i 2009, da Riksadvokaten fikk en henvendelse om systematiske krenkelser relatert til ruspolitikken. Derfra fikk Riksadvokaten ansvar for rettssikkerheten, og ble bedt om å støtte prøvelsesretten. Kan du huske denne henvendelsen og vil du fortelle hvordan det ble du som tok deg av korrespondansen på vegne av Riksadvokaten?

I brev av 18. august 2009 mottok Riksadvokaten informasjon som viste at politiet ikke hadde etterforsket straffefrihetsgrunner, samt at statsadvokaten i Hedmark og Oppland hadde sviktet sitt oppdrag for rettssikkerheten.[2] Forbindelsen til fortidens vilkårlige forfølgelse ble gjort klar, og Riksadvokaten fikk i oppdrag å løse en krise for rettsstaten.

---

[2] Korrespondansen med Riksadvokaten kan leses i Human Rising (2010) s. 339-353.

I brev av 25. august 2009 svarer Riksadvokaten at det ikke er noe ved gjennomføringen av aktoratet som aktualiserer at riksadvokaten foretar seg noe i kraft av sin rolle som overordnet påtalemyndighet. Riksadvokaten legger ansvaret på den dømmende rett for rettssikkerheten, viser til Ot. Prp. nr. 22 (2008-2009) som kvalitetssikring på den politiske prosessen, og ser ikke at rettstaten har et problem.

I brev av 9. september 2009, får Riksadvokaten som svar at Riksadvokaten ikke kan frasi seg ansvar ved å vise til den politiske prosessen. Poenget ved prøvelsesretten var å dokumentere at den politiske prosessen hadde sviktet, og Riksadvokaten kunne ikke avvise påstander om varige og systematiske krenkelser ved å vise til lovgivers behandling. Vi skal senere se problemet med Ot. Prp. nr. 22 (2008-2009), men prinsipielt er det langt verre å vise til etablert praksis når rettighetsbrudd er gjort gjeldende. Er ikke dette en logikk som gjør det umulig å dokumentere et større problem for strafferetten?

En ting er at politikere lar seg korrumpere av særinteressers påtrykk på den politiske prosessen. Grunnlovslæren forventer intet mindre, og maktfordelingsprinsippet gir derfor domstolene myndighet til å kontrollere lovgiver. En helt annen sak er det når jurister løper maktens ærend og aksepterer lovverk som ikke kan forsvares. Juristene har da sviktet sitt fagansvar og fagfeltets integritet er truet. Dette åpner igjen for et totalitært påtrykk, og straffelovkommisjonen hadde syv år tidligere vist at kriminalisering av illegal rusbruk ikke var forenlig med strafferettens prinsipper. Du var del av denne kommisjonen, og visste godt at kriminologer og rettssosiologer beskrev et større problem. Du visste også at NOU 2002: 04 kritiserte politikernes manglende realisme, og anbefalte at domstolene skulle sørge for faglig styring. Du visste til og med at Andenæs i 1994 hadde notert problemet med mål og middel, men at den prinsipielle debatten som han etterlyste aldri kom. Riksadvokat Georg Rieber Mohn sørget for å arrestere den debatten som Andenæs forsøkte å få i gang,[3] så da var det kanskje ingen overraskelse at Riksadvokatens kontor også forsøkte å stoppe rettsutvikling i 2009?

Hvorfor ville ikke Riksadvokaten på denne tiden belyse et verkende sår? Var prinsipiell og historisk kontekst for vondt?

Identitet er knyttet til handling, og folk er psykologisk predisponert til å ville være på det godes side. I 60 år har staten fortalt politifolk at de

---

[3] Georg Rieber Mohn, *Legalisering av narkotika?* Lov og Rett (1994) utg. 33-10 s. 629–631

er helter for sin innsats i narkotikakrigen, og det er ikke lett for ansatte i politi- og påtalemyndighet å ta inn over seg at de har tatt del i et forfeilet prosjekt. Psykologisk er situasjonen den samme som for en soldat som oppdager at han har tatt del i en krig som er bygd på løgner og som kun har tjent kyniske maktaktører. Sterke forsvarsmekanismer settes i sving, og det samme ser vi i ruspolitikken. Jo tydeligere det blir at forbudet ikke har fungert som tenkt, desto mer i vranglås går systemet. Selv rettstatsgarantier blir ignorert når større erkjennelse presser på, og kulturen på Riksadvokatens kontor har i 60 år blitt formet på forbudets premisser. Det kom derfor ikke som noen overraskelse at Riksadvokat Georg Rieber Mohn i 1994 sørget for å arrestere den debatten som Andenæs forsøkte å få i gang,[4] akkurat som at det ikke var noen overraskelse at Riksadvokatens kontor i 2009 forsøkte å stoppe rettsutvikling. Kan vi i ettertid se dette som et forsvar mot avgrunnen som Nietzsche omtalte, den som truer med mørke sannheter, men som også kan helbrede?

Fornektelse og projeksjon er naturlige forsvarsmekanismer. De benyttes når en personlighet har for

---

[4] Georg Rieber Mohn, *Legalisering av narkotika?* Lov og Rett (1994) utg. 33-10 s. 629–631

mye investert i et etablert paradigme til å ta skrittet videre, og den amerikanske forfatteren Upton Sinclair sa en gang at «det er vanskelig for en mann å innse noe, når lønna hans avhenger at han ikke forstår det». Tror du det er derfor den prinsipielle debatten som Andenæs etterlyste i 1994 har uteblitt, og var det derfor Riksadvokaten i sin korrespondanse i 2009 ikke ville se ruspolitikken i historisk kontekst?

Det er påfallende hvordan forbudstilhengerne har motsatt seg debatt. Fasadebegrunnelser har i stedet opprettholdt forbud, men Riksadvokaten var fullt klar over hva det ville innebære å dekke over for fortidens synder. Som det sto i brev av 18. august 2009: «Jeg vet at dere tidligere har veket tilbake for å se nærmere på narkotikalovgivningen på grunn av hva dere kaller for signaleffekten. Men om dette er deres alvorlige bekymring, vil jeg minne om grovheten i mine anklager, samt den signaleffekten det innebærer om dere nekter meg muligheten til å bevise mine påstander». Hadde ikke tiltalte rett? Hva er signaleffekten som Riksadvokaten sendte i 2009 ved å beskytte forbudet fra konstitusjonell kontroll? Har Riksadvokatens kontor styrket eller svekket sin autoritet etter avvisning av prøvelsesretten?

Signaleffekten av å nekte prøvelsesrett er ikke bra. Til Riksadvokatens forsvar, hadde på denne tiden ikke Rusreformutvalget bekreftet at den politiske prosessen var på villspor, Riksadvokaten hadde ennå ikke påvist systematiske krenkelser i mindre narkotikasaker, og Rolleforståelsesutvalget hadde til gode å gjøre oppmerksom på problemet med systematisk nedprioritering av rettighetsjuss. Likevel var anklagene om rettighetsbrudd godt underbygd, men Riksadvokatens fremsto langt mer interessert i å ugyldiggjøre forsøket på å tilføre ruspolitikken historisk og prinsipiell kontekst enn å ta ansvar for rettssikkerheten. Ser du en forbindelse mellom motstanden som Andenæs møtte i sitt forsøk på debatt, og motstanden mot prinsipiell avklaring i retten?

Med brev av 9. september 2009, mottok Riksadvokaten et nytt brev hvor ansvaret for rettsstaten vektlagt. Riksadvokaten ble informert om at politiet ikke kunne være trygge på at politiloven ble fulgt, og at politifolk fortjente bedre enn rollen som overgripere. De menneskerettslige implikasjonene av det usaklige skillet mellom lovlige og ulovlige stoffer, samt manglende forholdsmessighet i straff, ble belyst. Likeledes ble sammenhengen mellom de høye overdosetallene og ruspolitikken tydeliggjort. Brevet gjorde gjeldende at det bare var en seriekoblet ansvarsfraskrivelse – slik som Riksadvokaten prøvde seg på – som opprettholdt forbudet, og Riksadvokaten ble minnet på ansvaret for rettsstaten.

Den 15. september 2009 svarte Riksadvokaten med å ugyldiggjøre historisk og prinsipiell kontekst. Ifølge Riksadvokaten var rettighetsargumentet ugyldig fordi det vekslet mellom et «systeminternt» og et «systemeksternt» perspektiv. At tiltalte påberopte seg gjeldende bestemmelser i rettssystemet som et argument mot narkotikaforbudet, ble brukt til å trekke i tvil lovforståelsen bak argumentasjonen, og spørsmålet blir derfor hva som var galt med lovforståelsen? Er det mulig å dokumentere ruspolitikkens problem med det prinsipielle terrenget som bygger grunnlovsbeskyttelse, om ikke man benytter seg av et «systeminternt» og et «systemeksternt» perspektiv?

Sett fra et utelukkende systeminternt perspektiv, må ikke Høyesterett eller lovgiver først ha konkludert med at rettighetsbrudd foreligger, før et rettighetsargument kan vinne frem?

Det sier seg selv at man ikke kan vise problemet med systemisk ukultur om man ikke kan utfordre rettskilder fra et prinsipielt perspektiv. Fremstår det ikke da som hersketeknikk å ugyldiggjøre rettighetsargumentet, slik Riksadvokaten gjorde i brev av 15. september?

Fra et «systeminternt» perspektiv er det forståelig at Riksadvokaten i sin korrespondanse forsøkte å ugyldiggjøre rettighetsargumentet. I 60 år hadde forbudet vært avhengig av en blindsone for å bestå. Denne presset nå på, men ingen i den Høyere påtalemyndighet ville erkjenne jakt på syndebukker. Avslører ikke ditt skille mellom et «systeminternt» og «systemeksternt» perspektiv i realiteten grensene for forståelsen på Riksadvokatens kontor? Det «systemeksterne», er ikke det definisjonen som avgrenser hva Riksadvokaten ikke vil erkjenne?

Riksadvokaten forsøkte videre å erklære rettighetsargumentet som irrelevant, ved å etablere et skille mellom *sannhet* og *gyldighet*. Om ruspolitikken kunne klassifiseres som «kriminell», var ifølge riksadvokaten ikke et faktisk men normativt spørsmål. Anklagene mot den norske stat lå derfor, ifølge Riksadvokaten, utenfor det området som kan være «gjenstand for bevisførsel», men er ikke dette mer hersketeknikk?

Om forbudet er uten faglig hold, men fortsetter fordi makten ikke revurdere kursen; om maktmidler, budsjetter, og prestisje står på spill, og politikerne lyver, krisemaksimerer og villeder for å straffe på tilbakeviste premisser; om rapporter i 20 år har avvist straff, men forfølgelse fortsetter selv etter at andre land har regulert cannabismarkedet for å beskytte folkehelse; om forsvaret kan dokumentere at måloppnåelsen er lik null, og at omkostningene er enorme, er det ikke et faktisk spørsmål om ruspolitikken tåler en rettighetsanalyse?

Til Riksadvokatens forsvar er det langt lettere i dag å se ruspolitikkens problem med menneskerettighetene, enn det var i 2009. Allikevel er det påfallende hvor lite interessert den Høyere påtalemyndighet var i rettssikkerheten, og Riksadvokaten fremsto i sine brev langt mer opptatt av å utdefinere rettighetsargumentet enn å ivareta motforestillinger. Som vanlig når forbudet skal forsvares, finner vi systemtro jurister som forsøker å få terrenget til å tilpasse seg kartet, heller enn å tilpasse kartet til terrenget, og ved å tåkelegge med juridiske termer som tar sikte på å avskjære ytterligere kontekst, forsøkte Riksadvokaten å legitimere overgrep. Sier ikke Riksadvokaten i sitt brev, i all enkelhet, at det holder at en lov er til, for så å begrunne lovens rettmessighet ut ifra det faktum at den *er*?

Det er i ettertid klart at narkotikalovens problem med menneskerettighetene *kan* være gjenstand for bevisførsel. Siden 2009, har grunnlovsdomstoler i Georgia, Sør-Afrika, og Mexico vist manglende hold i lovverk, og analyser som vektlegger rettigheter har hjulpet samfunnet videre. Har ikke tiden vist at Riksadvokaten tok feil, og er det ikke helt klart mulig å bestride at forbudet oppfyller et legitimt formål?

Riksadvokaten noterte i sitt svar av 25. august 2009 at prøvelsesretten var gjort gjeldene i en større narkotikasak, og var dette et moment som gjorde det vanskelig å ta forespørselen om prøvelsesrett på alvor?

Det er ikke alle land hvor man må bryte loven for å benytte seg av prøvelsesretten. I enkelte europeiske land, kan borgere klage på en lov og så vil den bli kontrollert. Slik er det ikke i Norge. Her må borgere bryte loven for å benytte seg av prøvelsesretten, så hvor mye av en illegal substans bør en borger ideelt besitte før prøvelsesretten realiseres?

I ettertid har det vist seg at verken større eller mindre mengder cannabis kan få Riksadvokaten til å respektere prøvelsesretten. Ved flere anledninger fra 2021 til 2024 ble terskelverdiene brutt i varslede aksjoner, nettopp for å sikre rettsutvikling på et stagnert område, men Riksadvokaten har ikke tatt grep for rettssikkerheten. Er da prøvelsesretten en juvel som staten smykker seg med, men som hører festtalene til? Om prøvelsesretten holdes tilbake når det virkelig teller, er ikke dette forræderi?

I 16 år har påtalemyndigheten motarbeidet prøvelsesrett og den mest paranoide responsen kom etter at Alliansen for rettighetsorientert ruspolitikk AROD sendte cannabis til Statsadvokat Sturla Henriksbø ved Oslo Statsadvokatembeter. Heller enn å takke for muligheten til å ta et oppgjør med en feilaktig kriminalisert substans, ble ARODs leder politianmeldt for å motarbeide rettsvesenet, og er dette en respons som vitner om dårlig samvittighet?

Det er uansett ikke en respons som vitner om en påtalemyndighet som bryr seg om rettssikkerheten. Det fremstår heller som om systemet beskytter seg selv mot introspeksjon. Jo dårligere arbeid som bygger lovgivningen – og jo bedre dokumentert problemet med loven er – desto mer i forsvar fremstår juristene hos påtalemyndigheten når et rettsoppgjør presser på. Men hvorfor ta side med tyranniet? Om forbudet er utformet av keisere uten klær, er det ikke rettssystemets oppgave å hjelpe samfunnet videre? Bør det ikke være en ære for statsadvokatene å bidra?

Det er så absolutt domstolenes oppgave å kontrollere den politiske prosessen. Prøvelsesretten er den mekanisme som skal sikre nasjonsbygging når lovgiver er på villspor, men Riksadvokaten omtaler i sitt brev «de demokratiske institusjoners betydning for legitimitetsspørsmål», som om tiltalte undergravde sentrale samfunnsverdier ved å benytte seg av prøvelsesretten. Allikevel, om Riksadvokaten ønsker å fremstå som en forsvarer av de demokratiske institusjoners legitimitet, må han ikke være en garantist for rettssikkerheten? Viser ikke en Riksadvokat som ugyldiggjør prøvelsesretten sin manglende respekt for den demokratiske prosessen?

Det fremstår som om Riksadvokaten har malt seg opp i et hjørne. Riksadvokatens kontor har nemlig, ut ifra sin argumentasjon, vist at den høyere påtalemyndighet er villig til å håndheve hva det skal være av urimelige lover, så lenge opposisjonen er svak. Først når makten forkaster eget lovverk, vil juristene på Riksadvokatens kontor erkjenne en større innsikt, men er dere ikke da representerer den samme tradisjon som i 1942 så det som naturlig (som et spørsmål bortenfor rett og galt) å sende jøder til konsentrasjonsleirene?

Forsvaret skal vise forbindelsen til fortidens vilkårlige forfølgelse. Det er allikevel verdt å merke seg at det eneste som Riksadvokaten fant prinsipielt betenkelig, var videre kommunikasjon om rettighetssikring. Fordi tiltalte var part i en straffesak, ville ikke Riksadvokaten besvare ytterligere henvendelser, og slik gikk det til at Statsadvokat Bodil Thorp Myhre fikk Riksadvokatens støtte etter sin trenering av prøvelsesretten i Sør-Østerdal tingrett. Det var du som førte ankesaken for Høyesterett, og som garanterte rettssikkerheten, til tross for åpenbare svakheter. Kan du huske denne saken og hvordan du overtok ansvaret?

Ved tiltalebeslutning utferdiget av statsadvokaten i Hedmark og Oppland den 23. oktober 2008 ble fire unge menn satt under tiltale for overtredelse av Straffeloven § 162, i en sak som omhandlet en cannabisplantasje under bygging. Den ene tiltalte gjorde gjeldene «at narkotikalovene brøt med overordnede prinsipper som vi gjennom konvensjoner har forpliktet oss til å overholde, da spesielt likhetsprinsippet (forbudet mot usaklig forskjellsbehandling/diskriminering i EMK art. 14». Tiltalte hadde i forkant i flere brev til politiet gjort gjeldene at Straffeloven § 162 var i samme klasse som homofili- og raselover, og gitt politiet et ansvar for rettssikkerheten. Som det sto i brev av 2. desember 2008:

Det er derfor av overordnet viktighet at dere nå ser nærmere på det moralske fibret i lovene dere håndhever, for som diktatorer og despoter til enhver tid har bevist: Ingen lov har legitimitet kun i kraft av å være til. Selv Nazistene hadde sitt rettssystem, og i denne forbindelse er det et nærliggende poeng å ta lærdom av hva som skjedde her i landet mellom 1940-45. Politiet den gang evnet dessverre ikke å se nærmere på det moralske fundamentet i ordrene de mottok, og som en konsekvens av dette endte politiets tjenestemenn opp som tannhjul i et maskineri som sendte 771 jøder i konsentrasjonsleirene.

Jeg beskylder selvfølgelig ingen steder her dagens tjenestemenn for overgrepene som ble begått av etaten da. Jeg påpeker viktigheten av at etatens tjenestemenn forstår konsekvensene av lovene de håndhever og er i stand til å se sin tjeneste i en større samfunnsmessig kontekst, og derfor er det jeg nå oppfordrer dere til å ta personlig ansvar, og se nærmere på mitt argument.

Tiltalte regnet med at politiets maktbruk på rusfeltet skyldes manglende oversiktsbilde og utilstrekkelig konsekvensanalyse. Han informerte om ansvaret for rettssikkerheten, men politiet fulgte ikke opp. Hvordan er dette forenelig med politiets plikter? Om straffefrihetsgrunner er gjort gjeldende, skal ikke politiet undersøke om de er reelle?

Politiet fulgte ikke opp forpliktelser til rettssikkerheten, til tross for at politiet mottok flere bøker som bekreftet påstander om varige og systematiske krenkelser. Det gjorde heller ikke Hedmark og Oppland Statsadvokatembeter, som 8. juni 2008 avsatte tre uker i Sør-Østerdal tingrett til å forfølge saken på tradisjonelt vis.[5] Det betydde at et beslag på 25 mindre planter og 90 gram hasj, samt noe stjålet verktøy, resulterte i to års fengsel i tingretten, og at tiltalte ikke fikk dokumentere påstander om menneskerettsbrudd.

Det var i den forbindelse at Riksadvokaten ble kontaktet. Riksadvokaten kunne ikke se at henvendelsen foranlediget noe fra hans kontor, og Statsadvokat Myhre fortsatte derfor ugjerningen i Eidsivating Lagmannsrett i 2009. Aktoratet mente at dommen var alt for mild, og fokus i lagmannsretten var å få dømt de tiltalte etter den nye proffparagraf 60A. For påtalemyndigheten var det langt viktigere å avklare den laveste terskel for forsett enn å avklare om loven var nødvendig, og det var dette som ble tema i Høyesterett. Forsvarets advokat John Christian Elden forsøkte å stanse en

---
[5] TSOST-2008-159870

tragedie for rettsstaten, og informerte om at straffefrihetsgrunner var oversett. Som han skrev i ankeforberedelser den 19. april 2010:

For [tiltaltes] vedkommende er det inngitt en særskilt ankegrunn under lovanvendelsen som han har utdypet i sitt brev av 9. mars 2010 til Høyesterett med vedlegg. Ankegrunnen synes i korte trekk å være at narkotikalovgivningen i Norge er i strid med menneskerettighetene, og at således lex superior prinsippet som er festet i menneskerettsloven medfører at straffelovens § 162 må settes til side som konvensjonsstridig. For denne anførsel viser jeg til hans grundige og omfattende argumentasjon.

Verken statsadvokaten eller den høyere påtalemyndighet ville forholde seg til forsvarets «grundige og omfattende argumentasjon». Du tok over denne saken for å føre den for Høyesterett i 2010, men heller enn å avklare viktige prinsippspørsmål, godkjente du statsadvokatens behandling og skjulte straffrihetsgrunner for Høyesterett. Hva tenker du om dette skrivet fra Elden i dag, burde det gitt saken en ny vending?

Når påtalemyndigheten er gjort oppmerksom på svikt i ledelse og vilkårlig forfølgelse, og forbindelsen til fortidens heksejakt har vært kjent i kriminologi og rettsosiologi i 40 år, må ikke påtalemyndigheten stå opp for rettssikkerheten? Plikter ikke påtalemyndigheten å tilrettelegge for avklaring hos domstolene?

Dessverre tok ikke påtalemyndigheten ansvar for rettssikkerheten, og siden har systemet gått sin skjeve gang. Ikke bare har Riksadvokaten lukket øynene for Hedmark og Oppland statsadvokatembeters underminering av rettstat garantier, men Oslo Statsadvokatembeter har flere ganger beskyttet forbudet fra konstitusjonell kontroll. Statsadvokat Marit Helene Evjemo tok over stafettpinnen den 22. mars 2010, i Oslo tingrett.[6] I nok en sak ble forbudet bestridt, men tingrettsdommer Knut Erik Strøm tok for gitt at forbudet oppfylte et legitimt formål ved å vise til Høyesteretts praksis.

Vi skal se problemet med Høyesteretts praksis, men i ankesaken fikk retten ny mulighet til å prøve forholdet til menneskerettighetene fordi lagmannsretten la til rette for reell domstolkontroll. Som det står i straffeprosessloven § 4, skal Straffeprosessloven anerkjenne «de begrensninger som er anerkjent i folkeretten eller følger av

---

[6] 09-195384MED-OTIR/07

overenskomst med fremmed stat». De straffeprosessuelle inngrep som begås i en straffeprosess må således ikke stride mot Norges folkerettslige forpliktelser, og særlig da menneskerettighetene. Det følger av menneskerettighetsloven § 3 at «Bestemmelsene i konvensjoner og protokoller som er nevnt i § 2 skal ved motstrid gå foran bestemmelser i annen lovgivning», og en menneskerettsanalyse må til for å avgjøre om mål og middel står i et troverdig forhold.

I dom avsagt 08. oktober 2010,[7] omgjorde lagmannsretten derfor en beslutning om å nekte menneskerettighetsspørsmålet etter tingrettsdommen hvor spørsmålet ikke ble riktig behandlet. Fordi tiltalte under ankeforhandlingen ville gjøre gjeldende at ingen av cannabisforbrytelsene han var tiltalt for var straffbare «ut fra en forståelse og analyse av menneskerettighetsbildet», besluttet lagmannsretten å ta begjæring om omgjøring til følge, fordi spørsmålet måtte prøves fullt ut. Burde ikke noe lignende ha skjedd i den saken du førte for Høyesterett?

Det var synd at Høyesterett ikke forsto at et større svik mot rettsstaten var i gang. Og det var synd at

---

[7] 10-140153AST-BORG/04

du ikke opplyste domstolen bedre. Forsvarets advokat Elden gjorde, som vi har sett, oppmerksom på straffefrihetsgrunner som var oversett, men Høyesterett nektet i beslutning 10. juni 2010 å gi sitt samtykke til behandling av spørsmålet om frifinnelse på det grunnlag at narkotikalovgivningen i Norge stred mot menneskerettighetene.

Norge kan takke deg for det, for du var heldig som fant tre dommere fra Høyesterett som var enig med deg i at ingen kvalitetssikring av loven var nødvendig. Men hva tenker du om å nekte en anke uten begrunnelse i et prinsippspørsmål som ikke er avgjort? Må ikke ankeavisningen begrunnes bedre enn at den er enstemmig eller ikke kan føre frem?

Rettskildene er klare på at en ankenektelse i prinsippspørsmål som dette krever vedre begrunnelse. Rettferdighet må ikke bare skje. Rettferdighet må kunne sees å skje, men Høyesterett ville ikke forklare hvordan domstolen kunne ta for gitt at forbudet oppfylte et legitimt formål. Forsvarets advokat prøvde forgjeves i Høyesteretts forhandlinger å få dommerne til å si noe om rettstilstanden for de forfulgte i dommen, men det var opplagt at rettens formann ikke satte pris på påminnelsen. Du var til stede i Høyesterett og tok deg av aktoratet, og kan du huske at Elden ba dommerne om å redegjøre i dommen for hvordan rettsikkerheten til de forfulgte på rusfeltet var ivaretatt?

Forsvaret var til stede i Høyesterett denne dagen, og svaret på Eldens forespørsel var et blikk fra rettens formann som sa alt. Det var med det klart at dommerne heller ville etterlate seg et åpent sår i det juridiske landskapet enn å sørge for et effektivt rettsmiddel, for resultatet var at Høyesteretts avvisning av rettighetssikring ble brukt av Borgarting lagmannsrett til å avvise en ny forespørsel om prøving. Som nevnt hadde lagmannsretten i dom avsagt 08. oktober 2010,[8] i ankeforberedelsene lagt til rette for reell domstolkontroll. Alt var derfor klart for en ny mulighet til å kvalitetssikre ruspolitikken, men Statsadvokat Erik Førde og lagmann Eirik Akerlie beskyttet forbudet fra konstitusjonell kontroll. I dom avsagt 26. november 2010[9] ble i stedet sterke allmennpreventive grunner benyttet som påskudd for å reagere strengt. Høyesteretts avvisning av prøvelsesretten ble brukt til å bekrefte et luftslott på vegne av forbudstilhengerne, og ser du hvordan svikt i ledelse gav opphav til et større problem? Ser

---

[8] 10-140153AST-BORG/04
[9] 10-082132AST-BORG/03

32

du at manglende systemisk integritet avsløres, og at stadig flere i påtalemyndigheten og domstolene satte seg selv i en vanskelig situasjon for ettertiden fordi ingen ville ta tak i en politisk prosess som var løpsk?

Statsadvokater har lederansvar fordi rettssikkerheten avhenger av handlekraft når utfordringer for rettsstaten er et faktum. Den politiske prosessen hadde i 2008 sviktet etter at lovgiver hadde avvist Straffelovkommisjonens forslag om avkriminalisering, og tiltalte hadde levert bøker som viste at krigen mot narkotika var et angrep på sivilbefolkningen. I ettertid har ledere fra land i Latin Amerika ytret det samme, riksadvokaten har avdekket systematiske krenkelser i mindre narkotikasaker, Rusreformutvalget har bekreftet panikk som motor bak lovutforming, og Rolleforståelsesutvalget har påpekt nedprioritering av rettighetsjuss som et systemisk problem. Alt dette indikerer at tiltalte hadde rett, så burde ikke Høyesterett gitt et effektivt rettsmiddel? Burde ikke domstolene før hovedforhandling fått oversikt over problemet med Straffelovens § 162, og burde ikke påtalemyndigheten støttet avklaring?

Domstolskommisjonen er i NOU 2020:11 klar på at «Av hensyn til rettsstaten er det viktig å hegne om domstolene som samfunnets sentrale konfliktløser

og å sikre befolkningens tilgang til domstolene».
Justis- og beredskapsdepartementet har ansvar for rettsvesen og påtalemyndighet, og Politiloven gjør klart at institusjonens «ansvar og mål» er [å] være et ledd i samfunnets samlede innsats for å fremme og befeste borgernes rettssikkerhet, trygghet og alminnelige velferd for øvrig (politiloven § 1, annet ledd). Påtalemyndigheten skal gjennom sitt ansvar for straffesaksbehandlingen fremme en rettspleie i samsvar med verdier og prinsipper som en rettsstat bygger på, herunder rettssikkerhet, likhet for loven og individets grunnleggende frihet og autonomi. Prøvelsesretten ble kodifisert i Grunnlovens 89 for å sikre at rettigheter ikke krenkes, og har ikke en statsadvokat som motsetter seg prøvelsesretten sviktet påtalemyndighetens viktige rolle både som kontrollør og rettssikkerhetsgarantist?

Det er klart at påtalemyndigheten har et betydelig ansvar for rettsutviklingen på strafferettsfeltet, herunder ved å bringe de rette sakene inn for Høyesterett og løfte frem rettsspørsmålene sakene reiser, så er det mulig at vilkårlig forfølgelse videreføres og at rettsvesenet raseres fordi den Høyere påtalemyndighet for 15 år siden sviktet lederansvar?

Hadde Førstestatsadvokaten lagt frem saken korrekt for domstolene, er det lite sannsynlig at domstolene hadde sviktet forpliktelsen til å levere et effektivt rettsmiddel. Hadde du vektlagt rettssikkerheten, ville ikke koblingen til fortidens vilkårlige forfølgelse blitt oversett, men viktige bevis som dokumentarfilm og vitner ville vært tillat ført for retten. Høyesterett ville derfra hatt et langt bedre utgangspunkt for å vurdere sin tillit til den politiske prosessen, og det er lite sannsynlig at dommerne ville latt ruspolitikken skure. Fra et konstitusjonsetisk ståsted, vil du si at påtalemyndigheten eller domstolene bærer hovedansvar for 16 år med manglende minoritetsbeskyttelse?

I et brev datert 8. august 2009 ble statsadvokat Bodil Thorp Myhre anmeldt til spesialenheten for politisaker for å skjule en forbrytelse mot menneskeheten. Anmeldelsen beskrev statsadvokatens virke som del av et varig og systematisk angrep mot sivilbefolkningen, og var det helt feil? Var ikke statsadvokaten informert om vilkårlig forfølgelse og svikt i ledelse, og motsatte hun seg ikke prøvelsesrett for å forfølge borgere på et tvilsomt grunnlag?

Anmeldelsen ble henlagt, men et interessant moment er at Spesialenheten bruker Norges status som rettsstat til å rettferdiggjøre henleggelsen: Fordi narkotikalovgivningen er resultatet av demokratiske prosesser, og fordi domstolene i den enkelte sak kan prøve rekkevidden av lovgivningen, mente politiet at påtalemyndigheten utvilsomt kan legge til grunn at straff er forsvarlig. Det mente Riksadvokaten selv også på den tiden, men har ikke slik sirkelargumentasjon opprettholdt et forbud på tilbakeviste premisser?

Vi skal se at loven begrunnes med henvisning til rettskilder og demokratiske prosesser som ikke holder mål. Vi skal se at forbudet har rasert juss som fagfelt i 60 år, men Riksadvokaten sto altså fra 2009 med den juridiske tradisjon som forsvarer makt og ikke rett. Ifølge Riksadvokat Busch hadde det aldri eksistert noen «kriminelle» lover. Ifølge Busch hadde påtalemyndigheten sitt på det tørre ved å vise til den politiske prosessen, og siden har Riksadvokatens kontor representert den samme juridiske tradisjon som deporterte jøder til konsentrasjonsleirene.

Tor-Aksel Busch ble anmeldt til spesialenheten for politisaker etter denne episoden. Også denne saken ble henlagt, men Riksadvokaten var fra denne tid og fremover tilstrekkelig informert til å vite bedre. Anmeldelsen redegjorde ikke bare for Riksadvokatens ansvar, men fiendebildenes effekt, og parallellen til fortidens vilkårlige forfølgelse ble vektlagt. Som tiltalte skrev:

> Selv om for eksempel lederne av Hitler-Tyskland mente at det var nødvendig for statens stabilitet å behandle jøder som de gjorde, så legitimerte jo ikke det behandlingen av jødene, og det samme kan man si om Sør-Afrikas behandling av de sorte under apartheidregimet, samt også om den norske stats behandling av samer og tatere her i landet for inntil under et halvt århundre siden.
>
> For at en slik forskjellsbehandling av borgerne skal kunne legitimeres må staten kunne vise at den er nødvendig – dvs. at den ikke er usaklig – og at den er rimelig sett ut fra større/overordnede samfunnsmessige hensyn. Staten må kunne vise at graden av den sosiale kontroll er hensiktsmessig, for ellers er den repressiv, og når det i dag kan bevises at en helsepolitisk tilnærmelse er langt mer fornuftig og velegnet i forhold til problembildets (narkotikabrukens) natur, er det ikke opp til statens representanter å tviholde på narkotikalovene fordi det best tjener de bestående etaters interesser. Borgernes interesser må gå foran etatenes sult på budsjetter og statlige tilskudd. Slike

lover som narkotikalovene må kunne sies å tjene fellesskapet, og om de beviselig har en uheldig samfunnsmessig funksjon og konsekvens, så må de også vekk om staten ønsker å fremstå som en forsvarer av menneskelige verdier og sine borgeres integritet.

Er dette kontroversielt? Er du uenig i noe av dette?

Tiltaltes poeng i 2009 var det samme som gjentas av Rusreformutvalget i 2019. Som det står i rusrapporten side 29:

Utvalget tar utgangspunkt i at straff er samfunnets sterkeste virkemiddel for å motvirke og fordømme innbyggernes uønskede handlinger. Straff anses som et middel, og ikke som et mål i seg selv. Bruk av straff krever derfor en solid begrunnelse. Det er forventningen om de samlede konsekvenser av bruk av straff som eventuelt kan rettferdiggjøre samfunnets bruk av straff. På grunnlag av dette tar utvalget som utgangspunkt at straff bare kan rettferdiggjøres hvis kriminaliseringen er egnet til å redusere negative konsekvenser av rusmiddelbruk. I tillegg må det stilles krav om at andre reaksjoner og sanksjoner vil være formålsløse eller utilstrekkelige, og at nyttevirkningene av straff er klart større enn skadevirkningene.

Utvalget kan ikke se at det foreligger empirisk belegg for at avkriminalisering av bruk eller besittelse til egen bruk nødvendigvis vil føre til nevneverdig økning i bruken av narkotika. I lys av den samlede mengden av internasjonal forskning som nå foreligger, som ikke dokumenterer noen klar sammenheng mellom endringer i straffelovgivningen og bruken av rusmidler i samfunnet, hefter det en betydelig tvil ved antagelsen om at straffebud mot bruk av narkotika og innehav av narkotika til egen bruk samlet sett har en preventiv virkning som ikke kan oppnås med andre, mindre inngripende virkemidler. Utvalget har derfor kommet til at den beste tilgjengelige kunnskapen per i dag ikke danner grunnlag for noen sikker forventning om at avkriminalisering av brukere av narkotika vil føre til en nevneverdig økning i bruken av narkotika i befolkningen.

Med andre ord, alt tyder på at mindre inngripende tiltak er bedre egnet i ruspolitikken. Helse- og omsorgsdepartementets vurdering i Prop 92 L

(2020-2021) var den samme,[10] og forsvaret går ut ifra at dette var en grunn til at Riksadvokaten i 2021 konkluderte med at politiets maktbruk i mindre narkotikasaker var uforholdsmessig. Stemmer det? Allikevel består en blindsone. Rusreformutvalget kom frem til at straff for bruk var uforholdsmessig, men undersøkte ikke mer alvorlige forhold. Politikerne ville ikke at menneskerettsbildet i større narkotikasaker skulle belyses, og Riksadvokaten fulgte opp med å begrense undersøkelsen om maktbruk til mindre saker. Til tross for dette er det et prinsipp at jo strengere straff desto strengere krav stilles til loven. Bør da ikke den mer omfattende lovutforming for salg og tilvirkning underlegges kontroll? Bør den ikke vurderes på samme betingelser som utvalget gransket besittelse og innehav?

---

[10] «Straff er samfunnets sterkeste virkemiddel for å fordømme en handling og krever en solid begrunnelse. De positive effektene av straff må klart oppveie de negative, både tilsiktede og utilsiktede, for å kunne legitimeres. Samtidig må det være klart at den samme effekten ikke kan oppnås ved mer lempelige virkemidler. Det er mange og sammensatte årsaker til omfanget av narkotikabruk i samfunnet. Departementet legger til grunn at man kan oppnå bedre effekt ved å bruke helse- og sosialfaglig metodikk enn straffetrussel for å forebygge og begrense narkotikabruk.» Prop 92 L (2020-2021) 34

Det var nettopp dette tiltalte ba om for 15 år siden. Som han skrev til Riksadvokaten:

Jeg har som dere vet krav på å bli hørt i en uavhengig, upartisk og kompetent rett, om jeg gjør gjeldende at rettigheter er krenket (ifølge EMK artikkel 13), og skal i denne retten ha muligheten til å bevise mine påstander (at det foreligger en urimelig forskjellsbehandling av analoge tilfeller, og at narkotikalovene representerer et ruspolitisk raseskille), mens staten på sin side må kunne vise at narkotikalovene er forholdsmessige (saklige og nødvendige/objektive og rimelige) inngrep, samt at målet ved dem (et narkotikafritt samfunn), står i et troverdig forhold til midlene.

Selv om våre ledere derfor hadde valgt å forby også tobakk og alkohol, og sånn sett hadde unngått strid med [likhetsprinsippet], ville jeg fortsatt uansett kunne bevise at narkotikalovene var kriminelle lover, ettersom man i dag kan bevise at narkotikaforbudet har langt flere uheldige konsekvenser for samfunnsstoffet enn hva narkotikabruken i seg selv har. (Jeg minner om at selv om den politiske debatten ikke akkurat gjenspeiler dette faktum, så ble dette for cannabis sin del bevist i en uavhengig rett i Haag 1-2. desember 2008 (cannabistribunalet).

Jeg mener nemlig ikke at narkotika er en menneskerett fordi at det er så fryktelig fett. Jeg mener at narkotikabruk er en menneskerett fordi det i dag kan bevises at kuren (narkotikaforbudet) er verre enn sykdommen (narkotikabruken); fordi at uansett hvor meget innsats vi legger bak det narkotikafrie samfunnsidealet så vil vi aldri lykkes; og fordi vi kan gjøre langt mer for samfunnet og hverandre ved å gå over til en helsepolitisk tilnærmelse. Det finnes norske leger som mener at man kan kutte overdosestatistikkene i landet her med 90 prosent ved å gå over til en helsepolitisk tilnærmelse (Ole Martin Larsen, 2008 Mellom alle stoler). Man kan derfor si at det i dag er slik at det narkotikafrie samfunnsidealet tar liv, og man kan også derfor helt klart si at dagens narkotikaforbud er en forbrytelse begått av staten mot borgerne, ettersom dette forbudet ikke på noe tidspunkt har kunnet sies å tjene samfunnets eller folkets interesser, men allikevel er fastsatt og udiskutabel politikk.

Med utgangspunkt i slike alvorlige påstander, burde ikke staten respektert bevisbyrden? Burde ikke en uavhengig, upartisk, og kompetent kommisjon vurdert om forbud var nødvendig i et moderne samfunn?

Igjen, korrespondansen fra 2009 er overførbar på rusrapporten. Rusreformutvalget var klar på at offentlig panikk har plaget politikken, at staten har ansvar for rettigheter, og at straff var vanskelig å forsvare. De samme funnene er gjort i andre land, som NOU 2019: 26 sier mer om:

I flere land, herunder Mexico, Sør-Afrika og Tyskland, er straffeforfølgning av voksne personer for besittelse av cannabis til egen bruk blitt konstatert å være uforenelig med konstitusjonelle bestemmelser om retten til respekt for privatliv eller beslektede bestemmelser om individets rett til autonomi som det er naturlig å se i sammenheng med retten til privatliv etter EMK artikkel 8 og retten til fri utvikling av personlighet etter FNs verdenserklæring om menneskerettigheter artikkel 22. I Georgia ble lovgivning som hjemlet sivilrettslige sanksjoner av et forbud mot cannabis, kjent forfatningsstridig og ugyldig i 2018, fordi det innebar et uforholdsmessig inngrep i innbyggernes autonomi, se omtale i kapittel 6. Inngrep i utøvelsen av retten til privatliv mv. kan bare skje «når dette er i samsvar med loven og er nødvendig i et demokratisk samfunn av hensyn til den nasjonale sikkerhet, offentlige trygghet eller landets økonomiske velferd, for å forebygge uorden eller kriminalitet, for å beskytte helse eller moral, eller for å beskytte andres rettigheter og friheter», jf. artikkel 8 nr. 2. For å være forenelig med EMK artikkel 8 må inngrep i retten til respekt for privatliv mv. fremme et legitimt formål og være nødvendig i et demokratisk samfunn. . . .[Selv om] statene har en vid skjønnsmargin ved vurderingen av om inngrep i retten til privatliv og familieliv i denne forbindelse er forenelige med EMK artikkel 8, [innebærer] kravet om nødvendighet . . . like fullt at det må påvises at inngrepet svarer til et presserende samfunnsmessig behov («pressing social need»). Det må også vises at inngrepet er forholdsmessig holdt opp mot formålet med inngrepet, tatt i betraktning relevante interesser som må avveies ved vurderingen. Det påhviler i første rekke statspartene å foreta disse vurderingene, men EMD kan overprøve om argumentene som hevdes å begrunne inngrepet, er relevante og forholdsmessige og om rettighetene i tilstrekkelig grad ble respektert i beslutningsprosessen som ledet frem mot vedtagelsen av inngrepet. (s. 181)

Til tross for dette ville ikke Riksadvokatembetet i 2009 stille seg bak prøvelsesretten. I stedet ugyldiggjorde Riksadvokat Tor Aksel Busch og Førstestatsadvokat Torgersen et forsvar mot narkotikaloven og siden har vilkårlig forfølgelse vært et økende problem. Det var først med NOU 2019: 26 at Riksadvokaten så behov for et oppgjør med en systemisk ukultur, og da i mindre saker. Bak dette truer en blindsone, som Riksadvokaten og Justisdepartementet i 15 år har skjult. Siden 2009 er over 200 000 straffereaksjoner konstitusjonelt omstridt, og takket være påtalemyndighetens motstand mot et effektivt rettsmiddel, har den norske stat som abstrakt kriminell størrelse blitt konkretisert for hvert år.

Bak ligger en ufattelig sti av skade. Hundretusener har måtte lide unødig fordi påtalemyndigheten har motarbeidet rettssikkerhet, og i 16 år har påstander om menneskerettsbrudd vært forbigått i stillhet. Alt dette følger fra påtalemyndighetens svikt, for har ikke staten en forpliktelse til å undersøke påståtte brudd på menneskerettighetene?

Forsvaret hevder at lovgiver har sviktet forpliktelsen til å forme ruspolitikken etter menneskerettighetene. I mars 2019 ble de internasjonale retningslinjene for rettigheter og ruspolitikk lagt frem. Retningslinjene støttes av Europarådets parlamentariske forsamling og fire FN-organer, og følgende står om retten til et effektivt middel:

Hver stat har plikt til å respektere og beskytte menneskerettighetene til alle personer innenfor sitt territorium og underlagt dets jurisdiksjon. (...) I samsvar med disse rettighetene bør statene: (1) Etablere hensiktsmessige, tilgjengelige og effektive juridiske, administrative og andre prosedyrer for å sikre en rettighetskompatibel implementering av enhver lov, politikk eller praksis knyttet til narkotika. (2) Sørge for at uavhengige og transparente juridiske mekanismer og prosedyrer er tilgjengelige, farbare og rimelige for enkeltpersoner og grupper for å fremsette formelle klager om påståtte menneskerettighetsbrudd i sammenheng med lover, retningslinjer og praksis for narkotikakontroll. (3) Sikre uavhengige, upartiske, raske og grundige undersøkelser av påstander om brudd på menneskerettighetene i sammenheng med lover, retningslinjer og praksis for narkotika--kontroll. (4) Sørge for at de ansvarlige holdes ansvarlig for slike brudd i samsvar med strafferettslig, sivil, administrativ eller annen lov, etter behov. (5) Sørge for at tilstrekkelige, hensiktsmessige og effektive rettsmidler og midler for oppreisning er tilgjengelige, farbare og rimelige for alle individer og grupper hvis rettigheter har blitt funnet å bli krenket som følge av lover, retningslinjer og praksis for narkotikakontroll. Dette bør inkludere tilgjengelig informasjon om mekanismer og prosesser for å søke rettsmidler og oppreisning, og passende midler for å sikre rettidig håndheving av rettsmidler. (6) Ta effektive tiltak for å forhindre gjentakelse av menneskerettighetsbrudd i sammenheng med lover, retningslinjer og praksis for narkotikakontroll.

Forsvaret hevder at Norge har et problem med punkt 3, 4, 5 og 6 fordi rusbrukere har forsøkt å klarlegge rettigheter siden 2008. Grunnlovens § 89 gir domstolene «rett og plikt» til å kontrollere den politiske prosessen, men her i landet har ikke «uavhengige, upartiske, raske og grundige undersøkelser av påstander om menneskerettighetsbrudd i sammenheng med lover, retningslinjer og praksis for narkotikakontroll» blitt behandlet i samsvar med internasjonale standarder. I stedet har de forfulgte vært uten rettsvern i 16 år, og ni justisministre har ignorert kravet om at staten må demonstrere at tiltak er nødvendige for å nå målene de er ment for og at ikke mindre restriktive midler er tilgjengelig for å oppnå de samme målene. Førstestatsadvokaten har siden 2009 fortsatt en karriere på systemets premisser, og hvor mange narkotikabrukere og selgere har du idømt straffereaksjoner? Kan du gjette?

Hvor mange barn har siden 2008 mistet mor eller far til fengselsstraff for narkotikalovbrudd på grunn av deg? Har du noen ide?

Samtlige av disse straffereaksjonene kunne vært unngått om du i 2009 hadde gjort jobben din, heller enn å beskytte et korrupt system. Samtlige straffereaksjoner har gjort vondt verre for både brukere og samfunn, men har du tenkt over det underveis?

Johs Andenæs beskrev prøvelsesretten som et «kjernepunkt i rettsstaten». Du er velkjent med dens vekt og både redere og eiendomsbransjen har nytt godt av domstolenes kontroll med lovgivning. Det er derfor oppsiktsvekkende at norske domstoler ikke ville gjøre det samme for landets rusbrukere. Siden 1970-tallet har de personlige friheter stått høyere i hierarkiet av demokratiske verdier enn økonomiske rettigheter, hvilket tilsier at de i høyere grad vernes av domstolene overfor lovgivningsmakten, men domstolene har med sin avvisning av prøvelsesretten vist at rettssystemet i praksis vektlegger overklassens økonomiske rettigheter foran utstøtte grupperingers rett til selvbestemmelse og frihet. Avslører ikke dette dobbelt bunn hos rettsvesenet, og er det forenelig med rettsstatens prinsipper?

Hva tenker du om at ingen har tatt tak i påtalemyndighetens svik mot rettsikkerheten? Hva tenker du om at verken spesialtjenesten for politisaker, politimestre, Politidirektorat, Riksadvokat, eller Kontroll- og konstitusjons-komiteen har irettesatt eller straffet noen ansatte i påtalemyndigheten for sviktet mot rettstaten? Er det en indikasjon på at påtalemyndigheten har behandlet prøvelsesretten riktig, eller på omfattende ukultur?

Fordi domstolene, påtalemyndigheten, og lovgiver har opprettholdt en blindsone, kan ingen ikke avvise at ukultur er grunnen til at ledelsen ikke har tatt tak i påtalemyndighetens svik. Godt mulig er ledelsen fornøyd med at påtalemyndigheten satte rettssikkerhet til side for å beskytte Straffelovens §§ 231 og 232 mot en rettighetsanalyse. Godt mulig er ukultur en så stor utfordring at Justisminister, Høyesterett og Storting heller beskytter forbudet fra konstitusjonell kontroll enn å erkjenne feil, og godt mulig er du en del av problemet. Godt mulig har 60 år med økte budsjetter og maktmidler gitt grobunn til et apparat som vrir tilbud og etterspørsel til en offer- og overgriperkontekst heller enn å gå i seg selv, for verken domstolene eller Kontroll- og konstitusjonskomiteen har foretatt nærmere undersøkelser.

Hva vi vet er at rettighetsjuss har vært nedprioritert. Vi vet også at Grunnlovens § 89 skal tilby en utvei, men at Høyesterett tre ganger uten forsvarlig begrunnelse har hindret et effektivt rettsmiddel, så kan du se konturene av et større problem?

En ting er at påtalemyndigheten sviktet i 2009. En helt annen er at påtalemyndigheten gjorde det samme igjen i 2022, etter at rusreformen ble avvist. Dette var andre gang på 20 år at den politiske prosessen sviktet, og flere organisasjoner på rusfeltet tok i bruk sivil ulydighet for å sikre effektiv minoritetsbeskyttelse. AROD inviterte derfor politi- og påtalemyndighet til å ta tak i et rettsløst rom som hadde utviklet seg, og påtalemyndigheten fikk ny mulighet til å støtte prøvelsesretten da den ble gjort gjeldene i Oslo tingrett den 1. juni 2022. Kan du huske denne saken og la den Høyere påtalemyndighet føringer for politi- og statsadvokatens behandling? ARODs leder Roar Mikalsen ble ved tiltalebeslutning av 11. januar 2022 tiltalt for overtredelse av straffeloven § 231 første ledd etter en sivil ulydighetsaksjon utenfor Oslo Politihus, hvor rundt 30 gram cannabis og 10 gram psilocybininnholdig sopp var beslaglagt. Hovedforhandling ble berammet til 1. juni 2022, og påtalemyndigheten vurderte en rettsdag til å være tilstrekkelig. Før dette var politiet informert om straffefrihetsgrunner, og forsvaret ønsket flere vitner for retten som ville bekrefte vilkårlig forfølgelse og svikt i ledelse. Hvordan vil da en dag i retten tilfredsstille rettsikkerhetsgarantier? Betyr ikke en dag i retten at påtalemyndigheten gjør det umulig for forsvaret å legge frem bevis?

For forsvaret var forslaget fra politiet om en dag i retten et slag i ansiktet. Siden 2008 hadde Statsadvokatene i Hedmark og Oppland og Oslo motsatt seg alle forsøk på konstitusjonell kontroll av ruspolitikken, og 14 år med rettsløshet hadde fulgt. ARODs sivile ulydighet utenfor Politihuset var ikke bare en utstrakt hånd til en etat som gav uttrykk for usikkerhet rundt bruken av maktmidler, men en mulighet for politi- og påtalemyndighet til å vektlegge prinsipper som må veie tungt om en liberal rettsstat skal bestå. Tre statsadvokater hadde rasert 200 år med oppbyggende grunnlovsforsvar ved ikke å anerkjenne prøvelsesretten, og viste ikke påtalemyndigheten igjen at den ikke var interessert i rettssikkerheten?

Forsvaret protesterte på politiets begjæring om en dag i retten. Det ble fra forsvarets side bedt om ytterligere to rettsdager til bevisførsel, og Oslo tingrett satte av tre dager. Derfra kunne forsvaret vise frem vitner og dokumentasjon som knyttet ruspolitikken til fortidens vilkårlige forfølgelse, men påtalemyndigheten motsatte seg dette. Hvordan er det forenelig med hensyn til rettssikkerheten? Hvis forsvaret kan knytte ruspolitikken til fortidens vilkårlige forfølgelse, er det ikke viktig at saken blir belyst?

Politiadvokat Vilde Humlegård ville ikke ha saken belyst. Dessverre fikk hun med seg tingrettsdommer Therese Heggedal, og i kjennelse avsagt 4. mai 2022[11] godtok dommeren politiets avskjæring av bevis. Dette er en merkelig dom, så la oss se hvordan

---

[11] 22-005490MED-TOSL/05

dommer Heggedal resonnerte seg frem til å avskjære forsvarets vitner.

Når det gjelder de juridiske utgangspunkter, skriver Heggedal:

«Som det klare utgangspunkt har partene i en straffesak adgang til å føre de bevis de ønsker, fordi dette sikrer en best mulig opplysning av saken, jf. blant annet Rt-2008-605 avsnitt 13.

Fra dette utgangspunkt er det gjort unntak. Straffeprosessloven § 292 andre ledd hjemler bevisavskjæring av forhold uten tilstrekkelig relevans, og gjelder både når avgjørelsen treffes under saksforberedelsen og under hovedforhandlingen, jf. Straffeprosessloven Kommentarutgave, ajourført versjon. Bestemmelsen lyder slik:

Om ikke annet følger av tredje ledd eller av § 292 a, kan bevis som er for hånden, bare nektes ført når beviset a) gjelder forhold som er uten betydning for dommens innhold, b) gjelder forhold som allerede er tilstrekkelig bevist, eller c) åpenbart ikke har noen beviskraft.

Slik det fremgår av lovens ordlyd har retten har såldes begrensede muligheter til å nekte partene å føre bevis som er for hånden».

Vi ser at det skal mye til før vitner og andre bevis kan avskjæres. Så lenge bevis har relevans, er det klare utgangspunkt at partene kan føre de bevis som ønskes, og forsvaret hadde gjort gjeldende vilkårlig forfølgelse og svikt i ledelse. Er det da ikke relevant å innkalle som vitner de lederne som skal ha sviktet?

Vi så sjefen for etterretningstjenesten vitne i rettsaken mot Zaniar Matapour. Det er klart at ledende ansvarspersoner ikke kan unndra seg vitneplikt så lenge de sitter på informasjon som er avgjørende for at sannheten skal bli belyst, og i ARODs sivile ulydighet listet bevisoppgaven opp vitner med ansvar for ruspolitikken. Bevisbyrden påhviler de som vil straffe og rettsstaten står på spill, så burde ikke retten ha tillatt vitner?

Tingretten fikk lister med spørsmål som viste at vitnene var avgjørende for å avklare ansvaret for forfulgte grupperinger. Tidligere justis- og beredskapsminister Monica Mæland, Justis- og beredskapsminister Emilie Enger Mehl, tidligere helse- og omsorgsminister Bent Høie, Hele- og omsorgsminister Ingvild Kjerkol, Riksadvokat Jørn Sigurd Maurud, og du skulle «svare for dagens politikk og forvaltningen av den og videre forklare seg om nødvendigheten og forholdsmessigheten av behovet for denne straffepolitikken i et moderne samfunn.» Dere skulle «belyse det manglende ansvaret som ble tatt med hensyn til å bringe norsk lovgivning i samsvar med menneskerettighetene», «forsøket som ble gjort for å bringe norsk lovgivning i samsvar med menneskerettighetene via rusreformen», og «forklare retten hvilket grunnlag nødvendigheten og forholdsmessigheten av å opprettholde dagens strafferegime bygger på». Samtlige vitner var høyst relevante, så fremstår ikke denne beslutningen som et bestillingsverk fra ledelsen? Hvis forsvaret vil vise at ruspolitikken er styrt av keisere uten klær, hva er signaleffekten av å sette rettsstatsgarantier til side for å beskytte lederne fra å forklare seg?

Signaleffekten av å avskjære bevis er ikke bra. Om ruspolitikken kunne forsvares hadde samtlige vitner hatt alt å tjene på å opplyse retten, men flere forsøkte å slippe unna. Etter å ha hørt forskjellige vitnemål forstår denne retten hvorfor ingen med lederansvar ønsket å vitne, og politiadvokat Vilde Humlegård beskyttet åpenbart sin egen ledelse. Ifølge påtalemyndigheten, måtte samtlige vitner avskjæres som bevis, idet vitneførselen ikke kunne anses å ha betydning for avgjørelsen av verken skyld- eller straffespørsmålet. Om straff ikke kan forsvares, og dette er dokumentert av rapporter i 20 år, har ikke det relevans for skyldspørsmålet?

Vi vet at regjeringen vil straffe uavhengig av grunn. Men hvordan kan påtalemyndigheten, som i det daglige skal ivareta rettssikkerheten, fremstille straffens manglede begrunnelse som irrelevant for strafferetten? Forsøker påtalemyndigheten å dekke over for fortidens synder heller enn å hjelpe samfunnet ut av en krise for rettstaten?

Det fremstår som om påtalemyndigheten, når det manglende grunnlaget for straff truet med sitt spøkelse, gikk i vranglås. Heller enn å bidra til rettssikkerhet, hevdet påtalemyndigheten at «Rettssalen under hovedforhandling anses ikke som egnet sted for ellers å belyse straffepolitikk eller ønske om lovendring», og dommer Heggedal støttet opp. Dommeren var ikke enig i at vitnene skulle *«svare for dagens politikk og forvaltningen av den og videre forklare seg om nødvendigheten og forholdsmessigheten av behovet for denne straffepolitikken i et moderne samfunn».*

«Selv om forsvarer anførers at domfellelse er i strid med menneskerettighetene, særlig EMK artikkel 8, og dette skal vurderes grundig og forsvarlig av retten, skal retten ikke ta stilling til dagnes straffepolitikk eller forvaltningen av den, men foreta en rettslig vurdering basert på rettskildebildet, derunder avgjørelsen fra høyesterett i HR-2022-731-A og dommer fra EMD, sett opp mot den

konkrete sak. De tema vitnene er varslet å skulle belyse angår derfor «forhold som er uten betydning for dommens innhold», både med hensyn til skyldspørsmålet og straffespørsmålet».

Slik konkluderte tingrettsdommer med at bevis kunne avskjæres, og påtalemyndighetenes anmodning om bevisavskjæring ble tatt til følge. Vi skal senere gjennomgå svakhetene ved HR-2022-731-A, men vi ser at dommeren bruker etablerte rettskilder, hvilket vil si praksis, for å avvise prøvingsrett. Spørsmålet er: Kan en dommer i tider med panikk utelukkende dømme etter rettskilder? Er ikke reelle hensyn minst like viktig?

Rettskildelæren er klar på både juss og utenomrettslige faktorers betydning. I tillegg til lov, lovforarbeider, rettspraksis, myndighetspraksis, sedvaner, og rettsoppfatninger er reelle hensyn en sentral rettskildefaktor, og dette vil si vurderinger om resultatets godhet. Her kommer verdier og verdigrunnlag inn. Tingrettens prosess overser dette, så hvordan er dommernes beslutning akseptabel i forhold til idealene i den juridiske metode?

Det var ikke bare vitner påtalemyndigheten måtte stoppe. Forsvaret begjærte visning av tre dokumentarfilmer som skulle belyse «utstrekningen av at gjeldende narkotikapolitikk mangler et legitimt formål, er unødvendig skadelig og uforholdsmessig inngripende», men retten var enig med påtalemyndigheten i at også dokumentarfilmene skulle avskjæres. Ifølge dommer Heggedal, forsøkte forsvaret å belyse «rettspolitiske spørsmål, hvilket faller utenfor rettens myndighetsområde». Mener du at forholdet til grunnloven et rettspolitisk spørsmål som faller utenfor rettens myndighetsområde?

Prinsippet om domstolenes uavhengighet har bred konstitusjonell forankring. Det kommer til uttrykk flere steder og på flere måter i Grunnloven. Det står i Grunnloven §§ 88 og 90 at Høyesterett dømmer i siste instans, og at Høyesteretts dommer ikke kan påankes. Grunnlovsfestingen av retten til en rettferdig rettergang i § 95 og domstolenes prøvingsrett i § 89 i henholdsvis 2014 og 2015, tydeliggjør også domstolenes uavhengige stilling. Krav om uavhengighet følger dessuten av internasjonale forpliktelser som Norge har påtatt seg, for eksempel Den europeiske menneskerettighetskonvensjon (EMK) artikkel 6 om retten til en rettferdig rettergang, men påtalemyndighet og tingrettsdommer forsøkte gjorde gjennom rettsprosessen å utdefinere menneskerettigheter. Hvordan er behandlingen av rusbrukernes prøvelsesrett forenelig med plikten til å tilby et effektivt rettsmiddel? Kan du for eksempel forklare hvorfor ruspolitikkens forhold til grunnloven er et spørsmål som skal overlates til lovgiver, mens skattepolitikkens forhold til grunnloven er et spørsmål som skal behandles av domstolene?

Prøvelsesretten er uten tvil den viktigste målestokken på domstolenes integritet. Johs Andenæs beskrev den som et av vestens viktigste bidrag vil verdenskulturen, og lovgivers intensjon med Grunnlovens § 89 var å tydeliggjøre grunnlaget for vår rettsorden. Fremstår domstolene som uavhengige eller upartiske når de vektlegger redernes økonomiske rettigheter over forfulgte grupperingers frihetsrettigheter? Er det i det mulig å skille mellom rettens og politikkens område, når forfulgte grupperinger gjør gjeldene at frihetsrettigheter er krenket?

Som Professor Ole Kristian Fauchald beskriver dynamikken mellom rettens og politikkens sfære, er «forholdet mellom jus og politikk (...) tosidig. Jusens grunnelementer i form av lovgivning og internasjonale forpliktelser er et resultat av politiske prosesser, og jusen setter igjen rammer for de etterfølgende politiske prosessene. Det er derfor en vekselvirkning mellom jus og politikk; en vekselvirkning som innebærer en kontinuerlig dynamikk».[12]

Det er slik det skal være. Tiltalte hadde gjort gjeldende at straffelovens § 231 var i strid med moralske grunnverdier, og det er utvilsomt at konstitusjonelle rettsregler vil i noen grad legge bånd på og føringer for den politiske handlefriheten. I demokratier fungerer jussen (ideelt sett) som garanti mot misbruk av politisk makt, og det gir ikke mening i tider med moralsk panikk å tillegge staten en absolutt skjønnsmargin. Når panikk er påvist av rusreformutvalget, kan man ikke fastslå at politikerne har misforvaltet den tillit som de er gitt og at det er jussens oppgave å veilede prinsipielt, slik at ikke enkeltgrupperinger må lide for etablerte fordommer satt i system?

Dette er basis for enhver rettsstat. Det er derfor vi har prøvelsesrett og et maktfordelingsprinsipp, for tradisjonelt har enkelte grupperinger mer innflytelse enn andre, og lobbyister kan få lover igjennom som ikke er tilstrekkelig kvalitetssikret. Slike lover kan være preget av dobbeltmoral, og det er domstolenes oppgave å sikre borgerne mot politisk nedprioritering og byråkratisk paternalisme.

---

[12] Ole Kristian Fauchald, Jus eller politikk? Reform av norsk verneområdeforvaltning, finnes her

Historisk sett er syndebukkmekanismen, vår tilbøyelighet til å gi ut-grupper skylda for problemer som vi har et kollektivt ansvar for å løse, den tendens som i størst grad løfter frem totalitære tendenser. Rettsløshet oppstår når domstolene ikke vil gi belastede grupperinger prøvelsesrett, så er ikke retten, sin rolle bevisst, et instrument for demokratiet?

Retten skal sørge for likhet i representasjon og deltagelse i den politiske prosessen for de som mangler politisk stemme, og i menneskerettslige spørsmål er det ikke mulig å skille juss fra politikk. Jo mer marginalisert en gruppering er, desto større er sjansene for feil ved den politiske prosessen, og det tilfaller derfor domstolene å kvalitetssikre lover. Juss som fagfelt avhenger av dette. Man kan si det sånn at politikken, ideelt sett, tar sikte på å fremme rettsstatsidealer, men det er domstolenes jobb å kontrollere at den rent faktisk gjør det. Spørsmålet er vel derfor ikke om domstolene trår feil ved å gå inn i den politiske prosessen, som mange dommere frykter, men hvor effektiv retten er til å sikre borgerne frihet?

Det fremstår som om statsadvokaten og den Høyere påtalemyndighet har glemt dette. Allikevel har staten interne retningslinjer og bestemmelser som skal bidra til at forvaltningen løser oppgavene sine og opptrer på en måte som fremmer integritet og tillit. Noen av de mest sentrale er utformet i Etiske retningslinjer for statstjenesten. Det forutsettes at hver enkelt virksomhet med utgangspunkt i retningslinjene videreutvikler og styrker den etiske bevisstheten blant de ansatte, og slik legger et godt grunnlag for lederes og ansattes muligheter for etisk refleksjon. De sentrale punktene i retningslinjene er hensynet til innbyggerne og statens omdømme, lojalitet, åpenhet, tillit til statsforvaltningen, og faglig uavhengighet og objektivitet. Påtalemyndigheten og domstolen skal spille en rolle som voktere av våre felles institusjoner, rettsstaten og folkestyret, så bør påtalejurister og dommere straffes?

Innen hovedforhandlingene i Oslo tingrett den 1. juni 2022, hadde fire dommere og seks høyesterettsdommere avvist prøvelsesrett. Samtlige hadde uten forsvarlig begrunnelse nektet et effektivt rettsmiddel, og mye sto på spill. Flere hundretusen straffereaksjoner var konstitusjonelt omstridt etter at Høyesterett hadde avvist prøvelsesretten i 2010, og dommer Therese Heggedal var kjent med at rundt 20 000 nye tilfeller av vilkårlig forfølgelse i året var hennes ansvar. Hver eneste straffereaksjon etter rettens behandling ville være på hennes skuldre, men Heggedal stanset all bevisføring.

Dommeren mente i stedet at «vi må skille mellom juss og å vurdere strid med Grunnloven og EMK», og forbudet ble beskyttet fra konstitusjonell kontroll, selv om forbindelsen til fortidens vilkårlige forfølgelse var klar. Kan du forstå dommerens logikk om et skille mellom juss og å vurdere strid med grunnloven og EMK? Ved å bygge dommen på et slikt skille, har hun ikke gjort enorm skade på rettsstaten?

Domstolenes behandling vitner om at noe er alvorlig galt. Som Professor Jørgen Aall har sagt, ligger etter norsk rett «kompetansen til å prøve lovens forhold til Grunnloven og konvensjonen hos de alminnelige domstoler, ikke egne forfatnings- eller forvaltningsdomstoler som i mange andre land. Og den ligger ikke bare hos Høyesterett; dommerfullmektigen i Grukkedal kan sette loven til side som stridende mot Grunnloven».[13] Tingrettsdommeren ble gjort kjent med dette, men ville ikke utfordre straffeloven. Heller enn å vurdere forholdet mellom mål og middel, tok hun for gitt at straff på rusfeltet har sitt på det tørre, og lette etter bekreftelser i rettskildene. Spørsmålet er om en dommer kan stole på etablerte rettskilder når panikk er dokumentert? Når poenget med

---

[13] Jørgen Aall, Rettsstat og menneskerettigheter (2011) s.92.

prøvelsesretten er å bevise at ruspolitikken har forsøplet lov og rett, blir det ikke absurd å vise til etablert praksis?

Det er dette domstolene har gjort feil. Ruspolitikken har i 60 år vært kuppet av personer med en ekstrem ideologi, hvor umyndiggjøring, sykeliggjøring, demonisering og vold har vært etablert praksis. Det blir mer og mer klart at dette gjør rusproblemet verre, ikke bedre, og det sier mye om hvor tomme rettsstatsgarantier er i vår tid, at domstolene i 2022 igjen avviste prøvelsesretten. Den politiske prosessen hadde sviktet atter en gang, og etter rusreformen fremsto påtalemyndighetens og domstolens tillit til lovgiver i et stadig grellere lys. Til tross for at straffelovkommisjonen viste at straff ikke kunne forsvares, og rusreformrapporten avslørte at panikk var motoren bak lovutformingen, sørget en kompakt politisk majoritet for at fordeler og ulemper med et regulert marked målt opp mot et kriminelt marked ikke ble vurdert. Offentlig panikk har gjort det mulig å videreføre straff på tilbakeviste premisser, men koblingen til menneskerettsbrudd er opplagt, så hvordan kan situasjonen ikke være domstolenes ansvar?

De sentrale punktene i retningslinjene til en dommer er hensynet til innbyggerne og statens omdømme.

En dommer skal i sitt virke styrke verdier som lojalitet, åpenhet, tillit til statsforvaltningen, og faglig uavhengighet og objektivitet. Har ikke samtlige dommere som har behandlet prøvelsesretten sviktet på alle punkter?

Fra et konstitusjonsetisk ståsted, vil du si at noen dommere har mer ansvar enn andre?

Det er klart at ansvaret følger et hierarki. Høyesterett dømmer i siste instans, og Ansvarlighetsloven retter seg mot toppene. Likevel, ansvaret øker også i tidsrom og jo lenger tid som går fra 2008, når kravet om effektiv minoritetsbeskyttelse ble gjort gjeldende, til et effektivt rettsmiddel blir levert, desto større er den konstitusjonelle fallhøyden. Tror du det var derfor tingrettsdommeren forsøkte å skjule sine spor? Tror du dette var en grunn til at Heggedal også nektet video eller lydopptak av retten?

Anken over tingrettens saksbehandling rettet seg mot tingrettens nektelse av retten til å føre bevis, manglende utsettelse av hovedforhandling for å få prøvd bevistvisten, brudd på kontradiksjonsprinsippet under hovedforhandlingen, rettens habilitet, domsgrunnene, og at EMK artikkel 6 og EMK artikkel 13 var ansett krenket. Politiadvokaten og dommeren hadde tilintetgjort rettsstatens garantier, men Statsadvokat Sturla Henriksbø godkjente rettsprosessen og ba Lagmannsretten nekte anken fra forsvaret. Vet du hvordan Henriksbø fikk denne saken og om han mottok rettledning?

Hva tenker du om at statsadvokatene gjerne bruker 60 dager i retten på å dømme folk til 21 års fengsel, men at de ikke vil bruke tre dager på å avklare om grunnlaget for straff er forsvarlig? Er ikke dette det forbi hykleri? Er ikke dette forræderi?

Hvor mange tusen timer tror du påtalemyndigheten bruker i retten hvert år for å dømme narkotikalovbrytere? Hvordan kan en påtalejurist motsette seg noen dager i retten for å undersøke om 40 prosent av påtalemyndighetens tid i tingrettene i realiteten utgjør et varig og systematisk angrep på sivilbefolkningen? Er påtalemyndighetens jurister vår tids fariseere?

Det skal nevnes at Henriksbø også er politiker i KrF, hvilket forverrer situasjonen. Som statsadvokat benyttet han sin posisjon til å beskytte partiets ruspolitikk fra konstitusjonell kritikk, og i rolleforståelsens tid hva tenker du om ansvaret for etiske retningslinjer og 200 års rettsutvikling? Har Henriksbø i dette vært solidarisk med lovgivers intensjon ved kodifisering av prøvelsesretten i

Grunnlovens § 89, eller er det mulig at vilkårlig forfølgelse fortsetter og at rettsvern utarmes?

Det er ingen tvil om at ruspolitikken har fått frem det verste i juristene. Forsvarets anke belyste fundamentale mangler i ivaretakelse av rettssikkerheten, men i beslutning av 26. oktober 2022 avviste Lagdommer Ragnar Eldøy samtlige punkter.[14] Lagmannsretten mente at anken over bevisbedømmelsen, lovanvendelsen under skyldspørsmålet, og saksbehandlingen «klart ikke vil føre frem», og den ble nektet fremmet. Lagmannsretten var enig med påtalemyndigheten i at vilkårene for bevisavskjæring etter straffeprosessloven § 292 var innfridd, da bevisene gjaldt «forhold som er uten betydning for dommens innhold».

Akkurat som tingretten, viste Lagmannsretten til HR-2022-731-A og LH-2021-101502 for å bekrefte at forbudet oppfylte et legitimt formål. Vi skal straks se hvordan Høyesterett kom frem til det, men holder det at lagmannsretten er enig med tingretten i at LH-2021-101502 bekrefter straffens legitimitet, fordi «inngrepet søker å nå noen av de oppstilte formålene, blant annet beskyttelse av helse, og inngrepet er nødvendig i et demokratisk samfunn»?

---

[14] 22-120070AST-BORG/04

At forbudet *søker* å gjøre verden tryggere er ikke bestridt, men når stadig flere land regulerer cannabismarkedet for å beskytte folkehelse, må ikke retten undersøke om forbudet fungerer som tenkt?

Det er klart at lagmannsretten dekket over for tingrettens behandling. Til tross for problemet med å basere seg på rettskilder som HR-2022-731-A og LH-2021-101502, overså dommer Eldøy alle advarsler, men atter en gang godkjente Henriksbø rettsprosessen. Både statsadvokaten og lagdommer hevdet at det lå utenfor rettens oppgaver «å vurdere om norsk narkotikapolitikk er riktig eller fornuftig på et overordnet nivå». De påsto at hvorvidt oppbevaring av narkotika bør være straffbart, er et spørsmål for lovgiver, og var ikke dette å undergrave Grunnlovens § 89?

Høyesteretts ankeutvalg ble bedt om å rydde opp, men forsvarets anke ble avvist på samme grunnlag som i Lagmannsretten. Det sier mye om kraften i offentlig panikk at høyt aktede dommere var villige til å stille seg så laglig til for hogg for ettertiden. Om det er en instans med hovedansvar for rettssikkerhet, er det Høyesterett, og vi vet hva rettskildene sier om å nekte en anke i prinsippspørsmål. Vi vet at ankenekt må begrunnes bedre enn at beslutningen er enstemmig eller at «anken ikke kan føre frem», så hvorfor tror du at dommerne ikke leverer bedre?

Den Europeiske menneskerettighetsdomstolen er klar på at en ankeavvisning må begrunnes bedre. Rettferdighet må ikke bare skje, men domstolen må vise hvordan rettferdighet har skjedd, og vi står i retten fordi Høyesterett har sviktet tre ganger. Tre ganger har keisere uten klær vist at de vil dra lov og rett gjennom søla heller enn å erkjenne feil, og denne rettsprosessen vil vise at jurister har sviktet samfunnsansvar i 30 år. Statsadvokatenes motstand mot prøvelsesretten har således nok en historisk parallell. Johs Andenæs etterlyste prinsipiell debatt om kontrollkostnadene var verdt prisen i 1994, og ser du likheter mellom Riksadvokat Rieber Mohns avvisning av kursendring og Høyesteretts avvisning av prøvelsesretten?

En viktig likhet er at fasadebegrunnelser blir brukt for å beholde forbudet. En annen viktig likhet er at motstanden mot en prinsipiell debatt ikke oppfyller kriterier til grundighet eller faglighet. Verken Rieber Mohn, Høyesterett, eller du kan forsvare politikken som føres, så hvorfor stiller dere som jurister i maktens tjeneste?

Siden 2008, da påtalemyndigheten begynte tradisjonen med å dekke over gamle synder, har hundretusener av borgere gått gjennom straffesystemet, og politifolk sover stadig dårligere om nettene. Alt dette fordi du og andre har sviktet lederansvar. Ulykken for de forfulgte grupperingene er opplagt, men har dere ikke, med underminering av Grunnlovens § 89, også satt domstolene, politiet, og nasjonen i en uholdbar situasjon? Hvordan er viktige verdier som hensynet til innbyggerne og statens omdømme, lojalitet, åpenhet, tillit til statsforvaltningen, og faglig uavhengighet og objektivitet ivaretatt?

Selv statens innkrevingssentral finner det vanskelig å stille seg bak dommen for sivil ulydighet. Tiltalte ble dømt til å betale 5000 kroner i saksomkostninger, men da innkrevingssentralen tok kontakt, fikk instansen høre hvorfor dommen var ugyldig og hvorfor boten ikke var riktig. Det endte med at innkrevingssentralen sendte oppdraget tilbake til politiet, og tiltalte har ikke hørt mer siden. Tyder dette på at andre i systemet tar avstand fra jobben som påtalemyndigheten gjorde?

Det er en gammel sannhet i jussen at det i tider med tyranni bare finnes tre valg: Forræderi, medløperi, og grunnlovsforsvar. I en tid som vår, hvor offentlig panikk sørger for en blindsone som muliggjør vilkårlig forfølgelse, kan du se andre muligheter? Har vi ikke alle et ansvar for rettsstatsbygging, og er ikke samtlige jurister som svikter dette ansvaret enten medløpere eller forrædere?

Vi har sett at verken påtalemyndigheten eller Høyesterett tillegger grunnlovens prinsipper noen vekt i ruspolitikken. Dommere og statsadvokater kan velge selv om de vil se bort fra ansvaret for effektivt rettsmiddel, men kan noen ta forræderi ut av grunnlovslæren?

Forræderi kan ikke under noen omstendighet tas ut av grunnlovelæren. Det fremstår derfor som at kriteriene for Riksrett ikke bare er oppfylt, men at Kontroll og konstitusjonskomiteen burde tatt tak i Høyesteretts svik mot lovgivers intensjon ved innføringen av Grunnlovens § 89. Komiteen ble i 2022 og 2023 informert om Høyesteretts svik mot prøvelsesretten, men avsto fra videre undersøkelser, så hvordan sikre rettsstaten? Er Riksadvokat Maurud rettsstatens siste håp?

Etter rettsaken mot ARODs leder i 2022 ble Statsadvokat Henriksbø anmeldt for sitt svik mot Grunnlovens § 89. Politimesteren, Politidirektoratet og Riksadvokaten har avstått fra å disiplinere, og ser du dette som en indikasjon på at statsadvokatene er renvasket eller at systemet har sviktet?

Spørsmålet er spesielt aktuelt sett i lys av Rolleforståelsesutvalgets rapport. Dette er den fjerde rapporten over 20 år som avslører en blindsone av menneskerettsutfordringer, og kontroll- og konstitusjonskomiteen ble i 2022 og 2023 gjort oppmerksom på at ukulturen som Rolleforståelsesutvalget påpeker er del av et større problem som ikke kan lokaliseres til NNPF, men til det narkotikafrie idealet. Komiteen mottok informasjon som viste at ringvirkningene utgjorde stadig større skade på rettsstaten, for det er dette idealet som i 60 år har delt samfunnet, som har fått lovgiver til å overse hykleri og manglende hold i lovverk, som har fått ni justisministere til å beskytte forbudet mot konstitusjonell kontroll, som har fått påtalemyndigheten til å svikte rettssikkerheten, og som har fått domstolene til å ta avstand fra 200 års rettstradisjon. Rolleforståelsesutvalget etterlyste lederansvar, og Grunnlovens § 89 er klar, så var ikke ARODs henvendelse en god mulighet for Kontroll- og konstitusjonskomiteen til å fylle rettsstatsbegrepet med innhold?

Som retten fikk se med vitnet Frølich, avviste Kontroll- og konstitusjonskomiteen forespørselen om en undersøkelse for riksrett. Til tross for dette, er det klart at Høyesteretts posisjon er uforenlig med en konstitusjonell praksis som siden 1970-tallet har vektlagt personlige friheter over økonomiske rettigheter. Når domstolene ellers ser det som sin plikt å sikre redernes og eiendomsbransjens økonomiske interesser, består en kontradiksjon som vitner om en rettsstats fallitt. Det var ikke lovgivers vilje ved formalisering av prøvelsesretten at den utøvende og dømmende makt skulle svekke 200 års rettsutvikling, og fordi Ansvarlighetsloven § 17 retter seg mot det medlem av Høyesterett, som i en sak som står for Høyesterett eller kan komme inn for Høyesterett, i noen betenkning eller innstilling, ved handling eller unnlatelse, medvirker til noe som er stridende mot Grunnloven (selv om gjerningen gjøres uaktsomt), er ikke riksrett på sin plass?

Dette er et spørsmål som heller ikke Kontroll- og konstitusjonskomiteens leder gjerne ville besvare. Hva vi har vært vitne til i denne retten, er i stedet den skade som det narkotikafrie idealet har gjort på Norges grunnlovsarv, for anklagene om rettighetsbrudd har ikke blitt forsvarlig behandlet. Siden 2008 har ansvarsfraskrivelser utsatt et oppgjør med ukultur, og denne retten må enten tilby et effektivt rettsmiddel eller ytterligere svekke nasjonens forsvar mot politistaten. Vi har sett at påtalemyndigheten, domstolene, og Kontroll- og konstitusjonskomiteen har dekket over et større problem. Vi har også sett at effektiv minoritetsbeskyttelse uteblir, og vi skal gå lovgivningen etter i sømmene.

Høyesteretts svikt

Som vi har sett, viste tingretten og lagmannsretten til HR-2022-731-A som en garanti mot maktmisbruk. Denne dommen blir brukt av Rusreformutvalget, Justisdepartementet, og domstolene som en bekreftelse på at straff oppfyller et legitimt formål. Spørsmålet er om Høyesteretts dom speiler en verdig rettsprosess eller er resultat av offentlig panikk. Rushåndhevingsutvalget, Justisdepartementet, og domstolene tar for gitt at det er det første, men i Prop. 92 L (2020–2021) fulgte Helsedepartementet opp Rusreformutvalgets forslag ved å foreslå endringer i helse- og omsorgstjenesteloven, straffeloven, straffeprosess- loven, politiloven, brukerromsloven og legemiddel- loven. Departementet mente at straffansvaret for bruk av narkotika og erverv og innehav av en mindre mengde narkotika burde oppheves. Slik befatning med narkotika burde etter departementets syn møtes med tilbud om hjelp, ikke med straff, se punkt 6.4 på side 33–34. Det er etter departementets mening klart at straff ikke kan forsvares og at motforestillinger som er kommet inn gjennom høringene er uten vekt. Kunne ikke Høyesterett med fordel ha sett til denne oppdaterte vurderingen enn Ot.prp.nr.22 (2008–2009)? Når et legitimt formål skal vurderes, er det ikke naturlig å vektlegge funnene fra omfattende utredninger mer enn grunne politiske motforestillinger?

Høyesteretts vurdering av at straff forfølger et legitimt formål bygger på Ot.prp. nr. 22 (2008–2009). I punkt 4.2.2.5 på side 93 fremheves skadevirkningene av narkotikabruk for brukernes familie og sosiale miljø, for samfunnets økonomi og for den generelle trygghet og fred. På side 94 påpeker departementet at kriminalisering er viktig av hensyn til allmennprevensjonen og for å markere grunnleggende verdier i samfunnet – og fordi vern om folkehelsen er et sentralt formål bak straffebestemmelsene om narkotikalovbrudd, mener Høyesterett at forbudet ikke strider med Grunnlov og menneskerettigheter. Domstolen ser vekk fra at Ot.prp. nr. 22 (2008–2009) avviser større faglige arbeid basert på grunne motforestillinger, og om vi ser på Høyesteretts redegjørelse avsnitt 38, vektlegges signaleffekten som tilstrekkelig god grunn til å se vekk fra kilder som Straffelovsrapporten og Prop. 92 L (2020–2021). Fordi et politisk flertall er bekymret for signaleffekten av en avkriminalisering, ser Høyesterett det «slik at kriminalisering av befatning med narkotika fortsatt har et legitimt formål». Men om utredninger i 20 år har avvist straff, og FN og stadig flere land legger til grunn at kuren er verre enn sykdommen, burde ikke domstolen vektlagt et større bilde?

At Høyesterett vektlegger to sider med politiske motforestillinger heller enn Prop 92 L (2020-2021) og tre omfattende utredinger som viser problemet med den politiske prosessen, er ikke dette et varsel om at noe er galt?

Når Høyesterett konkluderer «at kriminalisering av befatning med narkotika fortsatt har et legitimt formål» viser dommen til side syv i helse- og omsorgskomiteens innstilling til Stortinget[15], hvor medlemmene fra Arbeiderpartiet, Senterpartiet, og Fremskrittspartiet går imot rusreform og forslaget om en generell avkriminalisering av narkotika. Det er verdt å legge merke til at Høyesterett i denne forbindelse overser kognitiv dissonans, for når samtlige av komiteens medlemmer på side en er enige om at «Rusreformen er en erkjennelse av at rusproblematikk i hovedsak er en helseutfordring og med det et anliggende for helsetjenesten, og ikke for justissektoren», på hvilket grunnlag vil flertallet videreføre straff? Hvis rusproblematikk ikke er jussens område, hvorfor opptar narkotikalovbrudd

---

[15] Inst 612 L (2020–2021)

40 prosent av lovbruddene som behandles av tingrettene?

Grunnlaget for straff, som Prop. 92 L (2020−2021) gjør klart, er ikke eksisterende. Vi skal se mer til hvordan Justis har sviktet fagansvar, men i lys av rusreformrapportens funn av offentlig panikk, samt at fagfolk i 40 år har påpekt syndebukkmekanismen som førende, hva er signaleffekten ved at Høyesterett baserer seg på kilder og metode som er uten troverdighet? Om Høyesteretts dom fremstår som et bestillingsverk fra forbudstilhengerne, mister ikke domstolene legitimitet?

Vi har sett at dette var ikke første gangen Høyesterett ble bedt om å sikre ruspolitikken. Tre ganger siden 2010 har cannabisbrukere gjort gjeldende grunnlovens beskyttelse, men tre ganger har Høyesterett avvist å avgjøre om forbudet oppfyller et legitimt formål. Til sammen har ni Høyesterettsdommere beskyttet forbudet mot konstitusjonell kritikk, og er dette i tråd med ansvaret delegert av Grunnloven? Tillegges ikke domstolene den dømmende kompetanse, og skal ikke domstolene sikre individene deres rettigheter?

Domstolene skal beskytte minoriteter mot flertallsstyret. Både Straffelovkommisjonen, Rusreformutvalget, og Domstolskommisjonen la opp til slik beskyttelse, men vi har sett at Høyesterett i HR-2022-731-A vektlegger flertallsstyret på bekostning av sitt konstitusjonelle mandat. Kan man fortsatt si at rettssikkerheten er ivaretatt? Er det mulig at domstolene i over 10 år har sviktet ansvar delegert etter Grunnlovens § 89?

Grunnlovens § 89 gir domstolene «rett og plikt» til å kontrollere den politiske prosessen. Prøvelsesretten ble artikulert for å fremheve viktigheten av effektiv minoritetsbeskyttelse, og flere hundretusen narkotikasaker har gått igjennom rettsapparatet siden 2010, når Høyesterett begynte praksisen med å beskytte forbudet mot konstitusjonell kontroll. Kunne samtlige ha vært unngått om det ikke var for nedprioritering av rettighetsjuss? Er det mulig at en riktig utført rettighetsanalyse kunne ha bekreftet påstander om rettighetsbrudd, og at Norge som nasjon for 10 år siden kunne begynt å legge bak seg et kollektivt traume?

Kan du forestille deg hvor Norge ville vært i dag, om statsadvokaten i 2008 hadde underlagt ruspolitikken konstitusjonell kontroll? Kunne Norge gått i bresjen for rettighetsjuss, heller enn å underminere den? Kunne Norge internasjonalt vært et eksempel til etterfølgelse, heller enn det motsatte?

Vi vet fra Rolleforståelsesutvalgets rapport at styringsjuss har hatt prioritet på bekostning av rettighetsjuss. Vi vet også at rettigheter ikke får vekt den dagen staten anerkjenner dem, men når forfulgte grupperinger krever rettsstatens beskyttelse, og vi vet at dette skjedde for 16 år siden i Sør-Østerdal tingrett. Vitnemålene fra påtalemyndigheten gjør det utvilsomt at statsadvokatene og den høyere påtalemyndighet har sviktet sitt samfunnsoppdrag, og om instrukser fra lovgiver ikke er fulgt opp, hva bør Kontroll- og konstitusjonskomiteen gjøre? Hvis påtalemyndighet og domstoler har beskyttet ruspolitikken fra konstitusjonell kontroll heller enn å forberede saken riktig for retten, og 16 år med rettsløse tilstander har fulgt, må ikke noen holdes ansvarlig for flere hundretusen tilfeller av vilkårlig forfølgelse? Er det mulig å forestille seg en større krise for rettsstaten?

Vi skal se mer til svakhetene ved Høyesteretts dom, men før HR-2022-731-A og NOU 2024:12 var alt Justis kunne vise til sin egen vurdering i Ot.prp.nr.22 (2008–2009). Høyesterett og Riksadvokaten bygger på denne vurderingen når de hevder at straff oppfyller et legitimt formål, og vi må til Ot.prp.nr.22 (2008–2009) for klarhet i feilen som Riksadvokaten og Høyesterett har begått ved å stole på den politiske prosessen. På side 93 og 94 forklarer Justis hvorfor departementet ikke vil følge opp forslaget fra Straffelovkommisjonen om å avkriminalisere bruk av narkotika. Gode grunner må til for å avvise et fagpanel som brukte flere år på å vurdere grunnlaget for straff og som konkluderte med at det forelå usaklig forskjellsbehandling mellom brukere av lovlige og ulovlige stoffer. Allikevel, dette er Justisdepartementets vurdering:

Flertallet i Straffelovkommisjonen fremholder at siden bruk av alkohol og tobakk er straffri, bør også bruk av narkotika være straffri. Departementet deler ikke dette synet. Som mindretallet i Straffelovkommisjonen mener departementet at selv om bruk av visse typer rusmidler er tillatt, er dette noe som snarere taler mot enn for å tillate flere skadelige stoffer.

Vi ser her at Justisdepartementet forkastet forslaget fra Straffelovkommisjonen fordi departementet ikke ville risikere større skade. Er det sannsynlig at et forbud mot andre stoffer enn alkohol og tobakk gir en gevinst for folkehelsen? På eventuelt hvilket grunnlag?

Hensynet til folkehelse har vært sentralt i ruspolitikken. Justisdepartementet vektlegger dette i sin avvisning av Straffelovkommisjonens flertall, og helse- og omsorgskomiteen gjorde det samme i sin innstilling til rusreformen. Allikevel, vi må ikke glemme at forbudet begynte med en tilsidesettelse av konstitusjonelle prinsipper. Frykten for narkotika var stor og lovgiver antok i 1961, da FNs narkotikakonvensjon ble undertegnet, at verden ville bli narkotikafri innen 25 år. Slik gikk det ikke, og med tiden har det vist seg at forbudet ikke reduserer tilbud og etterspørsel. I stedet har organisert kriminalitet vokst frem, og jo mer energi staten bruker på narkotikabekjempelse desto mer stigma, kriminalitet, vold, frihetsberøvelse, sykelighet, og dødelighet har samfunnet fått tilbake. Dette har skjedd uten mye positivt å vise til, og siden 1980-tallet har prisen målt i overdoser og frihetsberøvelse vært klar. Hvordan er disse pengene og maktmidlene godt brukt når stadig mer tyder på at inngrepene i privatliv har en høy pris og mindre inngripende tiltak er bedre egnet?

Behovet for beskyttelse av barn og unge har alltid vært forbudstilhengernes mantra. At vi tillater ett skadelig rusmiddel, betyr ikke at det er lurt å slippe løs flere, er argumentet som Justiskomiteen og Justisdepartementet i 2009 brukte for å avvise Straffelovkommisjonens forslag om avkriminalisering. Argumentet går igjen i Arbeiderpartiets, Senterpartiets, og Fremskrittspartiets avvisning av Prop. 92 L (2020–2021), men enhver jurist vet at det er en uskyldspresumsjon i Grunnloven, så er ikke ruspolitikken på ville veier? På hvilket grunnlag snus bevisbyrden?

Vi har sett at heller enn å vektlegge større utredninger som avviser kriminalisering på rusfeltet, tar Høyesterett politikernes visdom for gitt. Dette til tross for at tre kommisjoner har vist problemet med den politiske prosessen og Straffelovkommisjonen har oppfordret til mer inngående domstolskontroll. Det følger at i den grad HR-2022-731-A brukes til å forsvare straff risikerer man å videreføre fordommene som gjør vondt verre, så hva mener du om en slik plattform for straff? Er det ikke påfallende hvordan en blindsone består? Er det ikke underlig hvordan straffelovens §§ 231 og 232 unndrar seg faglig kritikk?

Status er at fremfor å vektlegge 20 år med utredninger som avviser straff, aksepterer Høyesterett forsikringen fra Justis om at loven står på solid grunn. Derfra, ved å bruke HR-2022-731-A til å forsvare forbudet, viderefører Justisdepartementet fordommene som bygde loven, men burde Høyesterett ha vektlagt «lovgiversignalene ved reaksjonsfastsettelsen» når offentlig panikk er dokumentert? Etter at arbeider som Straffelovkommisjonen, Rusreformrapporten, Rolleforståelsesutvalget, og Riksadvokatens undersøkelse i mindre narkotikasaker har tydeliggjort et problem mellom grunnloven og flertallsstyret, burde ikke Høyesterett gjort sin analyse på et prinsipielt fundament?

Ingen uavhengig eller kompetent domstol ville brukt lovgivers signal som et kompass for menneskerettighetsanalyse. I stedet avslører Høyesterett dårlig dømmekraft i sin lojalitet med det politiske flertallet. Som forsvaret vil vise, er det en sammenheng mellom offentlig panikk og menneskerettighetsbrudd. I den grad panikk har formet politikk, vil ikke autonomi, likhet, forholdsmessighet og uskyldspresumsjon være vektlagt, og samfunnet vil lide under et overdrevent straffe- og kontrollapparat.

Det er dette forsvaret mener er situasjonen og hadde Høyesterett gjort en analyse basert på prinsipper ville forbudets problem med Grunnloven vært klart. I stedet, ved å vektlegge Arbeiderpartiets, Senterpartiets, og Fremskrittspartiets avvisning av rusreformen, videreføres offentlig panikk og de forfulgte forblir uten effektivt rettsmiddel. Så hva tenker du om Høyesteretts tilnærmelse? Når rettigheter skal behandles, bør retten undersøke om grunnlaget for forfølgelse holder mål eller lytte til et politisk flertall som vil ha straff på tilbakeviste premisser? Er menneskerettigheter underlagt flertallets diktatur, eller den kraft som skal ta oppgjør med totalitære tendenser?

Det er verdt å merke seg at slik Høyesteretts rettighetssikring fungerer, kan ikke rettigheter trygges før ti representanter på Stortinget får bedre dømmekraft. I den grad ti politikere fra Arbeiderpartiet, Senterpartiet, eller Fremskrittspartiet tar til fornuft, vil det bli politisk flertall for rusreform og Høyesterett kan konkludere at forbudet ikke lenger oppfyller et legitimt formål. Men hva med retten til effektivt rettsmiddel? Skal de undertrykte være avhengige av at en kollektiv psykose går over av seg selv, eller har domstolene plikt til å beskytte politisk svakerestilte grupperinger?

Grunnlovslæren er klar på at Høyesterett svikter ved å la lovgiver definere utkommet av rettighetsanalyser. I den grad domstolen ikke beskytter marginaliserte grupperinger forlates rettsstatens prinsipper, så er du bekymret? Kan vilkårlig forfølgelse videreføres fordi rettsstatsprinsipper ikke anerkjennes?

Det fremstår klart at forbudet har gjort et makkverk av jussen. Medløperi med en korrupt politisk prosess forutsetter at grunnlovens prinsipper forblir uten vekt, og det er ikke bare lovgiver som sliter med å forsvare skillet mellom lovlige og ulovlige stoffer. Heller ikke Høyesterett har forklart hvorfor brukere av illegale stoffer må umyndiggjøres, og vi vet ikke hvorfor erkjennelsene fra alkoholpolitikken ikke kan overføres på andre rusmidler. Alt vi vet er at Høyesterett og Justisdepartementet er enige i at straff forfølger et legitimt formål, ved å vise til hverandres behandling, men *hvordan* forblir uforklart.

Man skulle tro at regjeringen og riksadvokaten må være levende opptatt av en så alvorlig situasjon for rettstilstanden, men det har ikke vært tilfellet. Tvert imot, Statsministeren har overlatt ansvaret for Justisdepartementet til ekstremister, hvilket har satt Riksadvokaten i en ubehagelig situasjon. Riksadvokaten har ansvar for sikring av rettsstat når andre instanser svikter, og hvis forbudet har samme problem med menneskerettigheter som rase- og homofililovgivning, men lovgiver og justisdepartement straffer på tilbakeviste premisser, må ikke Riksadvokaten rydde opp?

Politijuristenes leder Are Frykholm etterlyste i <u>april</u> 2021 lederansvar. Grunnet manglende legalitetskontroll, uttalte Frykholm at lappetappeløsninger ikke holder mål og at en mer grunnleggende gjennomgang måtte til, men ansvarsfraskrivelsene fortsetter. Dette påtvinger politi og påtalemyndighet et vanskelig valg, for må ikke ansatte enten ta del i overgrep eller stå opp mot systemisk ukultur?

Det krever integritet å ta ansvar for rettssikkerhet i tider med panikk. Allikevel, politiet skal «være et ledd i samfunnets samlede innsats for å fremme og befeste borgernes rettssikkerhet», «og enten alene eller sammen med andre myndigheter verne mot alt som truer den alminnelige tryggheten i samfunnet», og er det noe som truer «borgernes rettssikkerhet» mer enn offentlig panikk?

Justisdepartementet har siden 2009 vært ansvarliggjort for vilkårlig forfølgelse på rusfeltet. Ni justisministere har beskyttet forbudet mot konstitusjonell kontroll, og på hvilket tidspunkt tenker du at Riksadvokaten bør gripe inn for å få rettsstaten på rett kjøl? Er det ikke på høy tid, om signaleffekten av å krenke menneskerettigheter skal vektlegges?

Grunnlaget for straff

Etter Høyesteretts dom er departementets drøfting i Ot.prp.nr.22 (2008–2009) basis for straff. I den grad dette forsvaret ikke holder vil manglende grunnlag for Straffelovens § 231 og 232 avklares, og departementets behandling er lite betryggende. I Ot.prp.nr.22 (2008–2009) forklarer departementet at «de narkotiske stoffer står . . . i en annen historisk og kulturell stilling», men mener du at kultur er grunn til å straffe?

Forsvaret er enig i at kultur ikke er tilstrekkelig grunn til å holde på straff. I så fall ville det ikke vært mulig å kritisere totalitære regimer, og menneskerettighetene krever en bedre begrunnelse. Vi må derfor lete etter andre grunner, og Justisdepartementet viser til signaleffekten:

> *Departementet legger . . . betydelig vekt på at avkriminalisering vil gi et uheldig signal overfor unge personer i en valgsituasjon. En avkriminalisering kan oppfattes slik at narkotikabruk ikke lenger anses som skadelig eller farlig, jf. Ot.prp.nr.90 (2003–2004) side 89. Et slikt signal er uheldig når handlingen fortsatt anses som uønsket.*

Forsvaret spør derfor: Om en handling er uønsket, må den kriminaliseres? Må staten kriminalisere røyking, overspising, pornotitting, og mangel på sannferdighet for at folk skal skjønne at bedre vaner er foretrukket? Er mangel på kriminalisering av slik atferd et tegn på at staten oppfordrer til destruktive livsmønstre eller et tegn på at viktige grenser mellom individ og stat respekteres?

Departementets vektlegging av signaleffekten er ankret i Ot.prp.nr.90 (2003–2004), men etter NOU 2019:26 har videreføring av straff en tvilsom normdannende status. Rusrapporten viser at offentlig panikk har formet politikken, at forbud må forsvares, og at grunnlaget for straff etter en omfattende gjennomgang ikke holder mål. Utredningen er det mest grundige arbeidet som er gjort av norske myndigheter og finner ingen forbindelse mellom straff og narkotikabruk:

Etter utvalgets vurdering gir den beste tilgjengelige kunnskapen et nokså klart grunnlag for å konstatere at kriminalisering av bruk av narkotika har utilsiktede negative virkninger. Samtidig synes det ikke å være godt empirisk belegg for en eventuell preventiv effekt av strafflegginen, i hvert fall ikke en effekt det ikke er grunn til å tro kan oppnås gjennom bruk av alternative virkemidler. Etter dette kan utvalget ikke se at begrunnelseskravet for strafflegging av disse handlingene er oppfylt. (s. 30)

Det er altså sannsynlig at forbudet signaliserer byråkratisk overformynderi og at borgere bør ta ansvar for egen rusbruk. Justisdepartementet og Rusreformutvalget er uenige i om statens innsats for folkehelsen gjør mer skade enn nytte, men en ting er sikkert: I den grad politikken bygger på feil premisser, signaliserer ikke forbud det motsatte av hva Stortinget, regjeringen og Justisdepartementet ønsker?

(legger frem bilde av Marius Borg Høiby med bar overkropp og tusenlapper i buksene)

Skandalen rundt kronprinsparets sønn viser at forbudet helt klart ikke har hatt ønsket signaleffekt. 60 år med politisk og strafferettslig hykleri har tvert imot skapt en ungdomskultur som forakter politi, og forsvaret mener at integritet er en nøkkel hvis samfunnet skal bygge bro over avstanden mellom teori og praksis. Verdiene, idealene, og prinsippene som følger av vår grunnlovsarv er et kompass som viser vei ut av totalitære farvann og det er vanskelig å se at påtalemyndigheten eller domstolene er tjent med dagens situasjon. Vi spør derfor, hva slags «signal» sender en politikk som kriminaliserer uproblematisk narkotikabruk, gjør narkotikabruk farligere enn nødvendig, og straffer selgere av mindre farlige stoffer enn det staten selv distribuerer?

Tradisjonelt er det å straffe folk for atferd som er mindre skadelig enn lovlig regulert atferd et tegn på religiøs fanatisme mer enn fornuftsbasert bekymring, så hvordan er ruspolitikken forskjellig fra tidligere tiders vilkårlige forfølgelse? Hvordan avgjør ulike stoffmengder om brukere skal sykeliggjøres eller demoniseres? Og når spredningsfaren ikke er større enn for alkohol, hvordan rettferdiggjøre straff opp til 21 år?

Fordi skillet mellom lovlige og ulovlige stoffer er kulturelt, og ikke basert på fornuft, er slike spørsmål umulig å besvare. Det kommer derfor ikke som en overraskelse at verken Justis eller Høyesteretts behandling gir svar. Høyesteretts vurdering av likhetsprinsippet viser til Stortingets behandling av rusreformen, hvor problemstillingen ble ignorert, og domstolen belyser ikke forskjellsbehandlingen mellom brukere av lovlige og ulovlige stoffer. Heller ikke Justisdepartementets samlede vurdering i Ot.prp.nr.22 (2008–2009) er tilfredsstillende. Vi vet bare, ut fra denne, at «noe» taler imot likebehandling, og at «Departementet er enig med Forbundet Mot Rusgift i at samfunnets behov for beskyttelse mot en stadig større narkotikatrafikk, medfølgende sosiale problemer, vinningskriminalitet og utrygghet, med styrke taler for fortsatt å oppstille straff».

Vi ser her at departementet bruker problemene som følger med et forbud til å begrunne straff. Synes du at dette virker fornuftig?

Andre steder i verden er narkotikahandelens forbindelse til kriminelle organisasjoner, medfølgende sosiale problemer, vinningskriminalitet, og utrygghet årsaken til at stadig flere statsledere ønsker å regulere narkotikamarkedet. I september 2022 omtalte Colombias president forbudet som «et folkemord» og sa til FN at «demokratiet vil dø» om ikke staten tar kontroll over markedet, så er ikke Justisdepartementets bedømmelse uverdig for en rettsstat?

Justis begrunner sin vurdering med «at Sanksjonsutvalget i NOU 2003: 15 side 268 – 269 legger til grunn at befatning med narkotika – bruk og besittelse – er en så alvorlig overtredelse at kvalifikasjonskravet for å ta i bruk straff er oppfylt», men ingen bør vektlegge denne rapporten. Siden NOU 2003: 15 har NOU 2019: 26 konkludert med det motsatte på et langt bedre grunnlag, og ifølge Rusreformutvalget kan selv «innføringen av straffelignende administrative gebyrer etter omstendighetene komme til å stå i et motsetningsforhold til innbyggernes rett til privatliv mv. og retten til helse». (s. 176) Om dette er uforholdsmessig, hva med dagens strafferammer? Hvorfor er en selger til større last enn en bruker?

Det er vanligvis slik at tilrettelegging for bruk tillegges mindre last enn bruken. For alkohol, for eksempel, er det sosialt nedsett å misbruke men ikke å selge alkohol. Hvorfor er det annerledes for illegale stoffer? Om belastningsprinsippet vektlegges, burde ikke misbrukere være mer uglesett enn rekreasjonsbrukere og selgere? Hvorfor er det én tankegang for alkohol og en helt annen for illegale stoffer?

Flere grunnlovsdomstoler har ankret retten til cannabisbruk i selvbestemmelse, og om det er gode nok grunner til å velge, hvorfor blande statens maktapparat inn i rusbruk? Kan du si noe om dette som ikke er overførbart på alkohol?

Forbudstilhengere besvarer gjerne dette spørsmålet med å forklare at det er forskjell på rusmidler og at bruk ikke er uproblematisk. Likevel er alkohol ifølge uavhengige forskere det verste av alle rusmidler, så hvorfor skal brukere risikere straff og problemene som følger av et illegalt marked? Kan forbudet forsvares når det gjør verden farligere og rusreformutvalget «ikke kan se at begrunnelseskravet for strafflegging av disse handlingene er oppfylt»?

Det kommer ikke som en overraskelse at heller ikke den Høyere påtalemyndighet kan forsvare ruspolitikken. Justisminister og jusprofessorer har vitnet før, og ingen har vist at straff kan forsvares.

Alt vi har hørt er den samme type logikk som opprettholdt slavelover, og vern av minoriteter er en grunnleggende del av statens ansvarsoppgaver. Straffelovkommisjonen la til rette for slik beskyttelse i 2002, men Justis mente i Ot.prp.nr.22 (2008–2009) at flertallet anla «en for snever forståelse av skadefølgeprinsippet» ved kun å vektlegge de «direkte skadevirkningene» overfor brukerne.

Justisdepartementet har et problem med slik argumentasjon fordi det samme er tilfellet for alkoholbruk, overspising, abort, og motorsykkelkjøring: i den grad slike aktiviteter øker i omfang vil skade medfølge, så bør ikke domstolene klargjøre på hvilket grunnlag slik logikk forbeholdes for illegale stoffer spesielt? Om for eksempel kvinners råderett over egen kropp veier så tungt at ikke ektemann, barn, familie, eller samfunn har noe å si på en beslutning om abort, blir det ikke absurd å nekte selvbestemmelse i spørsmål om rusbruk?

Å kaste usikkerhet på fremtiden har vært en strategi som har hjulpet forbudstilhengerne å motstå liberalisering av ruspolitikken. I 60 år har straffeentusiaster brukt skadene fra forbudspolitikken som et argument for at mindre inngripende tiltak ikke holder, men er ikke dette å unndra seg kravet fra bevisbyrden?

Det er ikke uten grunn at forsvaret holder Justisdepartementet ansvarlig for vilkårlig forfølgelse. I 60 år har det vært økende splid mellom fagfolk og politikere, og departementet har valgt feil side. Vi ser dette på Straffelovkommisjonens arbeid. NOU 2002: 04 viste ikke bare at forbud var uforenelig med strafferettens prinsipper, men betvilte politikernes kompass:

Det kan (...) se ut til at lovgiver i mange sammenhenger har hatt en for optimistisk tro på hva som kan oppnås med straff. I mange tilfeller kan det se ut til å ha vært en kort vei fra en handlingstype har vært mislikt av de styrende myndigheter, til den har blitt belagt med straff. Forholdet mellom straffens nyttevirkninger og omkostninger har ikke alltid blitt tilstrekkelig vurdert i denne sammenhengen. (4.2.3.4)

Straffelovkommisjonens kritikk styrkes av Rusreformutvalget som påpeker det samme. NOU 2019: 26 sier dette om den politiske behandlingen av Straffelovkommisjonens rapport:

Avgjørende argumenter for departementets beslutning om ikke å ta til følge forslaget om avkriminalisering synes dermed å ha vært at strafflegging markerer at narkotika er uønsket i samfunnet, og at strafflegging for innbyggerne, særlig unge, til å avstå fra å eksperimentere med narkotika. Hvorvidt det fantes empirisk bevis for at bruk av straff faktisk hadde hatt en preventiv effekt, og om avskrekking hadde vært et virkningsfullt virkemiddel for å redusere rusmiddelbruk blant unge, ble ikke drøftet i denne forbindelse. (s. 53)

Dermed bør det være klart at Justisdepartementet har sviktet sitt faglige ansvar. Assistert av Høyesterett, Rushåndhevingsutvalget, og overfladiske resonnementer har departementet prioritert politisk manøvrering over menneskerettslige hensyn og gjort det mulig for offentlig panikk å fortsette. Dette fenomenet innebærer ikke bare en avstand mellom teori og praksis, men at avstanden ikke tas tak i på grunn av systemsvikt. Rolleforståelsesutvalget bekreftet i 2023 at ukultur videreføres fordi rettighetsjussen ikke respekteres, og realiteten er at Justisdepartementet viderefører straff på tilbakeviste premisser. Ikke bare brukes «kultur» flere ganger for å rettferdiggjøre diskriminering, men departementets vurdering viser en utdatert holdning til straff. Som departementet anfører i Ot.prp.nr.22 (2008–2009):

Det er ikke bare tale om straffens avskrekkende funksjon. Kriminaliseringen av narkotikabruk er etter departementets oppfatning også viktig for å markere grunnleggende verdier i samfunnet. Straffen utgjør slik sett et viktig element i den pedagogiske påvirkning som samfunnet ellers står for, for eksempel i hjem og skole.

Dette er hva vi sitter igjen med når Justis sitt forsvar av straff er gjennomgått. Dette fanteriet er det Høyesterett, Riksadvokaten, og Rushåndhevingsutvalget må se bort fra for å konkludere at forbudet oppfyller et legitimt formål. Justisdepartementet viser til forbud og straff som nødvendig for vern av samfunnets moral, men representerer dette verdier som regjeringen bør formidle?

Her spørsmål 1 eller 2 ut fra svar avgitt.

1: Det er godt å se at du er betenkt. Troen på voldens oppdragende effekt er for lengst utgått på dato i psykologien, kriminologien, og rettssosiologien, og vi går ut ifra at du og andre i påtalemyndigheten ikke bruker slike virkemidler mot egne barn. I ruspolitikken forstår stadig flere at straff skader, så fortjener ikke Norge et rettssystem som tar konsekvensene?

2: Det er påfallende hvor vanskelig det er for en jurist som har gjort karriere på overgrep å revurdere sin posisjon. Likevel er troen på voldens oppdragende effekt for lengst gått ut på dato i psykologien, kriminologien, og rettsosiologien, og vi går ut ifra at du ikke bruker slike virkemidler mot egne barn. I ruspolitikken er det opplagt at straff skader, så fortjener ikke Norge et rettsvesen som tar konsekvensene?

Det må være ille å erkjenne omfanget av ruspolitikkens problem. I 60 år har gode intensjoner gitt vei til en dyster sti av overgrep på grunn av svikt i ledelse, og nedprioritering av rettighetsjuss og vilkårlig forfølgelse er resultatet. Det er allikevel sikker rett i spørsmål om tvang og frihetsberøvelse at det ikke anses tilstrekkelig at inngrepet kan forsvares etter tillatte formål. Inngrepet må også bevises å ha vært «helt nødvendig», og Jusprofessor Jørgen Aall sier om nødvendighetsvurderingen at det må være «et presserende samfunnsmessig behov for inngrepet og dessuten at det står i forhold til formålet».[16] I den grad kuren er verre enn sykdommen, kan straff forfølge et legitimt formål?

---

[16] AALL, RETTSSTAT OG MENNESKERETTIGHETER (2008) 128

Vi har sett at Høyesterett er ubrukelig som rettskilde, og så må ikke denne retten sørge for rettsavklaring?

Lovgiver og påtalemyndighet har frem til i dag tatt for gitt at forbudet oppfyller et legitimt formål. Spørsmålet er avgjørende for denne retten å vurdere, og det ser ikke lyst ut for forbudet. Om straff ikke er hensiktsmessig, er det ingenting igjen av forbudets troverdighet, men verken Høyesterett eller Rushåndhevingsutvalget vil ta det dit. I stedet brukes likhetsprinsippet for å beholde straff, men er det mulig å avgjøre om brukere skal sykeliggjøres eller straffes, uten å veie individets rett til frihet mot samfunnets behov for beskyttelse? Om ikke dette gjøres, risikerer ikke staten at borgerne straffes på vilkårlig grunnlag?

Selv om Høyesterett ikke finner det rettslig problematisk å straffe rusavhengige for egen bruk av narkotika, kommer man ikke utenom at stortingsflertallet har valgt å opprettholde kriminalisering for én gruppe for å beholde reglene for andre. Situasjonen er altså at likhetsprinsippet opprettholder kriminalisering, men om et kriminelt marked fremmer folkehelse bedre enn et regulert marked er tvilsomt. Riksadvokaten har forlatt et rusfritt ideal til fordel for mer rasjonelle hensyn og internasjonalt ser vi en bevegelse mot statlig kontroll av cannabismarkedet, nettopp fordi forbudet har skapt store problemer og liten gevinst. Er ikke status i dette større bildet at Norge må revurdere konstitusjonelle forpliktelser? Kan politi- og påtalejurister være trygge på at de handler riktig ved å bygge autoritet på Stortingets, Høyesteretts og Rushåndhevingsutvalgets arbeid?

Fra forsvarets perspektiv fremstår det som om Stortinget, regjeringen, påtalemyndigheten og domstolene har gjort hva de kan for å hindre effektiv minoritetsbeskyttelse. Før NOU 2019: 26 hadde rettigheter aldri vært vurdert, og fokus gjennom rusreformen var å vurdere straffansvaret for bruk av og befatning med mindre mengder narkotika. Regjeringen Solberg foreslo i Prop. 92 L (2020–2021) å oppheve straffansvaret for bruk av og befatning med mindre mengder narkotika til egen bruk fordi mindre inngripende midler fremstår mer hensiktsmessige, men ingen vil se på et større bilde og regjeringen ønsker ikke en generell avkriminalisering. Heller enn å ta konsekvensene av 20 år med utredninger som viser at straff gjør vondt verre, vil regjeringen ha tilbake maktmidler som Riksadvokaten i 2021 vurderte som uforholdsmessige, og NOU 2024: 12 er resultatet. Denne rapporten er i brede lag kritisert som et hvitvaskingsprosjekt for en regjering som vil straffe på tilbakeviste premisser, og det fremstår som forutbestemt at rettighetsanalysen skulle ende i lovendringer som løser regjeringens straffeproblem. Forsvaret skal derfor gjennomgå Rushåndhevingsutvalgets arbeid, før vi ytterligere belyser Justisdepartementets svikt.

Rushåndhevingsutvalgets rettighetsanalyse

Rushåndhevingsutvalget skulle utrede om de straffeprosessuelle virkemidlene politiet har i dag «er egnet til effektivt å kunne avdekke narkotikabruk hos unge». Regjeringen og politiledelsen påstår at de trenger tilgang til maktmidler for å redusere rusbruk og skader som følger, og på et overordnet plan fastsetter mandatet at utvalget «skal synliggjøre implikasjoner for politiets tvangsmiddelbruk av eventuelle foreslåtte endringer i det strafferettslige sporet, og også foreslå avbøtende tiltak om det er hensiktsmessig». Når tidligere utredninger har avvist at straff er forenelig med strafferettens prinsipper burde utvalget ha gjennomgått de synlige implikasjonene av politiets tvangsmiddelbruk, men dette er ikke gjort.

En opplagt svikt er derfor at utvalget ikke vektla kontrollomkostningene eller vurderte måloppnåelsen etter 60 år med tvangsmiddelbruk. Det følger at rettssikkerheten ikke er ivaretatt, for om utvalget ikke belyste måloppnåelsen og kontrollomkostningene, hvordan kunne utvalget «identifisere og foreslå tiltak for å avbøte konsekvensene av å fjerne fengselsstraff som straffereaksjon i disse sakene»?

Det sier seg selv at forholdsmessighet forutsetter et meningsbærende forhold mellom mål og middel, og at utvalget ikke kunne «drøfte om det i bruk- og besittelsessaker fortsatt bør være adgang til ransaking av person i medhold av straffeprosessloven § 195», uten å gjøre en analyse som vektla individets rett til frihet målt opp mot samfunnets behov for beskyttelse. Først etter grundig avveining av fordeler og ulemper kan tvangsmidler fremstå nødvendige, men utvalgets rettighetsanalyse er vridd i tyranniets tjeneste.

Vi ser dette i punkt 11.1.3 hvor utvalget ser nærmere på sitt mandat:

Et sentralt tema i mandatet punkt 2 omhandler forholdsmessigheten av tvangsmiddelbruk. Kravet til forholdsmessighet ved bruk av tvangsmidler er regulert i straffeprosessloven § 170 a annet punktum. Bestemmelsen er plassert i lovens fjerde del om tvangsmidler. Men kravet om forholdsmessighet er et alminnelig prinsipp i straffeprosessen. Bestemmelsen må anvendes analogisk ved bruk av straffeprosessuelle inngrepshjemler plassert andre steder i straffeprosessloven og i andre lover. I mandatet heter det: I lys av de praktiske utfordringene for politiet med å trekke grensen mellom ulike grader av avhengighet ved vurderingen av bruk av tvangsmidler, skal utvalget vurdere om den konkrete straffereaksjonen mistenkte risikerer, må være avgjørende for utfallet av forholdsmessighetsvurderingen etter straffeprosessloven § 170 a, eller om det rettslig sett er mulig å ha en bredere tilnærming. Blant annet skal utvalget utrede om det i forholdsmessighetsvurderingen i større grad kan legges vekt på at bruk av narkotika er et stort samfunnsproblem, og at beslag og tilintetgjøring av narkotika er viktig for å hindre spredning av stoffer med skadepotensial og til å motvirke bruk og etterspørsel. Utvalget skal også vurdere om det i større grad kan tas hensyn til det praktiske behovet politiet kan ha for å avdekke om en rusavhengig har befatning med narkotika utover slike mengder som anses å være til egen bruk.

Vi ser her hvorfor utvalgets rettighetsanalyse er et våpen mot de forfulgte. Utvalget gjør ikke en analyse for å avklare om maktmiddelbruken er nødvendig, men for å sikre et juridisk rammeverk basert på et maksimalt nivå av fiendebildedyrking: Har ikke samfunnet vært tilstrekkelig på vakt? Kan lovverket strammes inn ytterligere for å avdekke bruk og salg?

Det er slike spørsmål som regjeringen vil ha svar på, og utvalget leverer. Det fremstår irrelevant om maktmidlene gjør vondt verre eller om signalet fra lovgiver fungerer etter intensjonen: Om Riksadvokaten ikke vurderer rusbruk som et alvorlig nok lovbrudd for at tvangsmidler kan benyttes, oppretter regjeringen et utvalg som er villig til å se mer alvorlig på saken, og slik videreføres vilkårlig forfølgelse.

Vi må ikke glemme at utgangspunktet for Rushåndevingsutvalget er at Rusreformutvalget i 2019 viste at straff ikke kan forsvares. Et knapt politisk flertall ville ikke erkjenne nederlag og rusreformen ble nedstemt, men riksadvokaten tok lovgivers signal på alvor og trappet ned brukerjakten.

Det er disse føringene som regjeringen og politiledelsen vil reversere, og vi ser utslaget av utvalgets vilje til å etterkomme regjeringens ambisjoner i punkt 12.5.6 hvor utvalget mener at riksadvokatens brev av 9. april 2021, hvor det uttales at kroppslig undersøkelse i form av urin- eller blodprøve for å avdekke rusmiddelbruk er et uforholdsmessig inngrep, er for kategorisk. For å etterkomme regjeringen, mener utvalget at forholdsmessighetsvurderingen bør være mer nyansert og foreslår en markert utvidelse av hvilke momenter lovteksten uttrykkelig nevner. Dagens formuleringer er «sakens art og forholdene ellers», mens utvalget foreslår at det i lovteksten skal stå «sakens art, inngrepets art, hensynet til rettshåndhevelse, hensynet til den inngrepet rettes mot og forholdene ellers». Tanken er at lovteksten enda klarere skal tilkjennegi at forholdsmessighets- vurderingen er bred, og at hensynet til rettshåndhevelse er et viktig moment i vurderingen. Rushåndhevingsutvalget utvider slik forholdsmessighetsvurderingen til å inkludere behovet for rettshåndheving, men hvorfor vektlegge dette hensynet? Er dette momentet egnet til å fremme rettssikkerheten?

Det er gode grunner for at Straffeprosessutvalget ikke inkluderte dette hensynet i NOU 2016: 24. Lovforslaget kapittel 14 inneholder grunnvilkår og fellesregler for tvangstiltak. Ett av utvalgets forslag er å klargjøre hvilke momenter som er sentrale i forholdsmessighetsvurderingen og lovforslaget § 14-1 (2) første punktum lyder slik: «Tvangstiltak kan bare benyttes når inngrepet er nødvendig og forholdsmessig.»

I annet punktum er det nærmere retningslinjer for vurderingen: *Ved vurderingen skal det tas hensyn til om mindre inngripende tiltak i tilstrekkelig grad kan ivareta formålet, sannsynligheten for at formålet med tiltaket vil bli ivaretatt, inngrepets virkning for den som rammes, og sakens karakter.* I lovforslaget nevnes flere sentrale momenter i forholdsmessighetsvurderingen, men behovet for rettshåndheving nevnes ikke. Kan det være fordi hensynet til rettshåndheving ikke er et argument for straff men for maktutøvelse? Er det ikke tradisjonelt i totalitære regimer at slike hensyn vektlegges?

Det er helt klart et tegn på totalitære fakter når Rushåndhevingsutvalget går til dette skrittet, og vi ser på analysen at andre momenter ved forholdsmessighetsvurderingen ikke tillegges vekt. Utvalget tar for gitt at mindre inngripende tiltak ikke i tilstrekkelig grad kan ivareta formålet, undersøker ikke forholdet mellom mål og middel, og sakens karakter eller inngrepets virkning for den som rammes er ikke synlig vektlagt. Slik leverer utvalget en analyse som ser bort fra reelle hensyn. Dette for å forebygge trenden mot de facto avkriminalisering og gi politiet inngang til tvangsmidler, men om utvalget skal vurdere «om det etter gjeldende rett er tilstrekkelig klare rammer for politiets tvangsmiddelbruk», og «om politiet kan og bør gis tilgang til også andre straffeprosessuelle virkemidler enn etter gjeldende rett», må ikke utvalget utrede konsekvensene av tvangsmiddelbruken? Risikerer ikke utvalget ellers å gjøre vondt verre?

Straffeprosessutvalget gjorde klart at for at tvangstiltak skal være nødvendige og forholdsmessige, må først mindre inngripende tiltak være vurdert om de kan ivareta formålet og inngrepets virkning for den som rammes, samt sakens karakter må være vurdert. Ingenting av dette er gjort, så hvordan vet vi om tvangsmiddelbruken er forholdsmessig? Er det forsvarlig av et utvalg som skal ivareta rettssikkerhet å gi grønt lys for bruken av mer maktmidler når visjonen om et narkotikafritt samfunn ikke gir mening, viktige <u>spørsmål</u> står ubesvart, og panikk og nedprioritering av rettighetsjuss er påvist av tidligere utredninger?

Forsvaret finner dagens situasjon meget betenkelig. 200 års rettstradisjon er truet fordi maktmennesker vil bygge imperier på dominans, og utvalgets rettighetsanalyse svikter ikke bare de forfulgte, men ansatte i politiet. Politiskolens Tania Randby Garthus har påpekt at «Det er noe dypt problematisk med et politi som glemmer etiske vurderinger opp mot midlene de bruker og der midlene ikke er underlagt noen form for kontroll», men er ikke Rushåndhevingsutvalget, påtalemyndigheten og domstolene skyldig i det samme? Har ikke dere ikke i fellesskap underminert rettssikkerheten?

Ikke alle politifolk kjøper utvalgets forsikring om at maktmiddelbruken er nødvendig i et moderne samfunn. Som den tidligere politimannen Jon Christian Møller uttalte den 20. august 2024 på X: «Jeg var en del av kulturen og gjorde disse greiene i årevis, det var slik vi opererte. Først da jeg sluttet i politiet, forsto jeg hvor ille vi holdt på. Vi skapte mye mer faenskap enn vi «forebygget». Det var skammelig, og er grunnen til at jeg nå engasjerer meg sterkt.»

Stadig flere politifolk vet altså bedre, og settes ikke politiet i en umulig situasjon ved å videreføre mytene som bygde forbudet? Er det forsvarlig å ta for gitt at forbudet oppfyller et legitimt formål?

Dette er Rushåndhevingsutvalgets største synd. I rettighetsanalysen klipte og limte utvalget fra offisielle fasadebegrunnelser for å konkludere at forbudet oppfylte et legitimt formål, men på hvilket grunnlag er straff forsvarlig når formålet med loven er oppgitt og stadig flere land regulerer cannabismarkedet for å beskytte folkehelse? Kan du forestille deg et faglig grunnlag for Straffelovens § 231 og 232?

Rushåndhevingsutvalgets svar er at forbudet oppfyller et legitimt formål ved å vise til lovgivers signal, men er dette signalet en pålitelig retningsanviser når panikk er påvist?

Straffelovkommisjonen påpekte for 20 år siden det manglende grunnlaget for å bruke lovens strengeste straff mot narkotikaforbrytere. Ikke bare det, men i rusrapportens kapittel 3.2 og 3.3 brukes ord som «offentlig panikk», «uproporsjonalt bilde», «misvisende forestillinger», «feilinvestering i straff», og «virkelighetsresistent misgjerning» for å oppsummere ruspolitikkens utvikling. Vi har å gjøre med en politikk preget av «moralsk indignasjon og hevnmotiver», «stereotype fremstillinger», og hvor «vitenskapelige konstruksjoner av narkotikaproblemet har spilt en underordnet rolle». «Panikk» brukes flere ganger, og kunne dette fenomenet vært førende i 60 år om likhet, forholdsmessighet, selvbestemmelse og frihetspresumsjon var tilstrekkelig vektlagt?

Om grunnlovsprinsipper ikke er vektlagt, er heller ikke rettssikkerheten ivaretatt. Pågripelse og frihetsberøvelse krever solid begrunnelse, og ifølge Rusreformutvalget mangler det et godt empirisk belegg for en eventuell preventiv effekt av strafflegging av rusmiddelbruken i samfunnet, som ikke kan oppnås gjennom alternative virkemidler. Rushåndevingsutvalget kunne ikke se bort fra dette uten å bidra til et juridisk makkverk, hvilket det er flere eksempler på.

Når Rushåndhevingsutvalget forsøkte å besvare om rettshåndhevelse knyttet til bruk og besittelse av narkotika har ført til «overskuddsinformasjon» som har hatt verdi for å avdekke «bakmenn», oppgir utvalget at «Det er ikke enkelt å fremskaffe informasjon om temaet. Som ledd i sitt arbeid har utvalget vært i kontakt med Riksadvokatembetet og Politidirektoratet for å undersøke om det finnes pålitelig kunnskap om temaet. Slik kunnskap finnes ikke. . . . Fraværet av pålitelig informasjon og usikker heten knyttet til den informasjon som finnes med fører at utvalget ikke går nærmere inn på dette temaet». (s 178)

Vi ser at uskyldspresumsjonen tillegges null vekt. Utvalget tar for gitt at *noe* godt kommer ut av maktmiddelbruken og at bruk av ransaking, pågripelse, varetekt, og andre tvangsmidler er nødvendige i et moderne samfunn, og ingen steder veies kontrollskader.

Tilbøyeligheten til å se vekk fra elementære rettsprinsipper finner vi igjen i kapittel 6.2.6.2 hvor forholdet til Barnekonvensjonen oppsummeres. Utvalget forteller på side 124 om vilkårene som ligger til grunn for Barnekonvensjonen Artikkel 33 og det går klart frem at «Tiltakene som iverksettes må være egnet til å forebygge at barn bruker narkotika». Utvalget forteller videre at «Vilkåret om at tiltak overfor barn må være egnet for formålet, har blitt problematisert i tilknytning til bruk av ruskontrakter og ruskontroll som vilkår for påtaleunnlatelser». I denne forbindelse nevnes NIMs rapport fra 2022 som påpekte «at det ikke var forskningsmessig belegg for å si at ruskontrakter har en forebyggende effekt, og at det derfor kan spørres om dette er et egnet tiltak for å beskytte barn mot bruk av narkotika etter barnekonvensjonen artikkel 33».

Dette tilsier at frihetspresumsjonen skal vektlegges, men utvalget våger ikke. Om forskningsmessig belegg skulle være et kriteria for straff, ville forbudslinjens fundament rakne, og det vil ikke utvalget. Utvalget forklarer derfor «at konvensjonens pålegg om egnede tiltak ikke kan innebære at det kreves forskningsmessig belegg for at tiltaket har ønsket effekt på generelt nivå. Dette vil i så fall utelukke svært mange aktuelle forebyggende tiltak». (s. 124)

Slik unngår utvalget konsekvensene av menneskerettighetene. Heller enn å erkjenne at *ingen* tiltak som forbudstilhengerne har satt i gang har faglig grunnlag, og at forbudet gjør vondt verre, gjør utvalget sitt for å hvitvaske regjeringens prosjekt. Utvalget bruker derfor etablert rett til å avvise kravet om at tiltak skal være forskningsbasert. Det må i stedet «alltid foretas en konkret vurdering i den enkelte sak av om tiltaket er egnet for å oppnå formålet», men vi ser på dagens rettsvesen hvordan det fungerer: Rundt 40 prosent av sakene for tingrettene omhandler feilaktig kriminaliserte substanser som gjør borgere til fritt vilt, i 60 år har lovgiver sett vekk fra forskning og rettsprinsipper for å jakte på syndebukker, og like lenge har jurister sørget for en blindsone til tross for at forbindelsen til fortidens vilkårlige forfølgelse er opplagt.

Dette er juristenes svik. Jakten på syndebukker har vært dokumentert i 40 år av kriminologi og rettssosiologi, men jurister som Rushåndhevingsutvalgets medlemmer står i tyranniets tjeneste. Takket være slik tradisjon kan regjeringens skip flagge med «Allmennprevensjon» og «folkehelse», mens menneskeliv ødelegges, idet landskapet tåkelegges tilstrekkelig til at tillit består. Justisdepartementet har i over 20 år vært skyldig i dette. Implikasjonene av Straffelovkommisjonens, Rusreformutvalgets, og Rolleforståelsesutvalgets arbeid forblir ignorert av jurister som svikter fagansvar, og i den grad hensynet til rettshåndhevelse ikke vektlegges må en bredere forholdsmessighetsvurdering gjøres – som avdekker manglende minoritetsbeskyttelse.

30 år med sviktet fagansvar

Hensikten med loven er alfa og omega. Målet med forbudet var et narkotikafritt samfunn, hvilket politikerne i 1961 trodde ville være oppnådd innen 25 år. Det gikk ikke slik, og de siste 10 år har FN vektlagt intensjonen bak de ruspolitiske konvensjonene – som var beskyttelse av folkehelse. Europarådet og FN er klare på at forbudet har hatt store omkostninger som ikke kan forsvares ut fra et folkehelseperspektiv, og dette gjenspeiler seg i anbefalinger om at medlemslandene går vekk fra kriminalisering. Når formålet med narkotikaloven er oppgitt, og represjon har gjort vondt verre, befinner ikke regjeringens ruspolitikk seg på tynn is? På hvilket grunnlag er politiets maktmiddelbruk forsvarlig når målet om et narkotikafritt samfunn er oppgitt og stadig flere land regulerer markedet for å beskytte folkehelse?

Å vise til signaleffekten har tradisjonelt vært lovgivers svar når forbudet bestrides. Problemet er at signalet ved å holde på straff ikke har hatt den effekten som lovgiver ønsker. Ettersom stadig flere land regulerer cannabis for å beskytte folkehelse, kan heller ikke Norge ta for gitt at forbudet oppfyller et legitimt formål, så forestill deg 60 år med en straffepolitikk som opprinnelig tok sikte på å fjerne fedme. Visualiser at politiet i løpet av denne tiden har brukt mer og mer maktmidler og ressurser på å stanse overvekt, men at antallet overvektige øker. Det er logisk at antallet «misbrukere» øker fordi straffetiltakene gjør livsforholdene verre, men tenk om regjeringen, etter flere utredninger som svekker grunnlaget for straff, oppretter et utvalg for å sikre maktmiddelbruken: Ville det vært forsvarlig om et slikt utvalg begrenset seg til å undersøke om maktmidlene var effektive for å avdekke overvekt, eller tilsier rettssikkerheten at maktmiddelbruken må sees i sammenheng med en feilet visjon?

Prinsipielt er problemstillingen den samme for ruspolitikken. Et avgjørende moment for tvangsmiddelbrukens legitimitet er knyttet til hvor sannsynlig det er at formålet med tvangsmiddelbruken vil realiseres, og visjonen om et narkotikafritt samfunn er lenger unna for hver dag. I stedet er folkehelse den nye målestokken, og er det forsvarlig å utelukke regulering når visjonen om et narkotikafritt samfunn ikke gir mening, viktige spørsmål står ubesvart, og offentlig panikk og nedprioritering av rettighetsjuss er påvist av Rusreformutvalget og Rolleforståelsesutvalget? Fordrer ikke en politikk på totalitære premisser bedre kvalitetssikring?

Disse tre faktorene; tilgjengelighet, holdninger til bruk og faktisk bruk, er sentrale når det skal avgjøres hvor vellykket ruspolitikken fungerer. Hvis et utvalg hadde undersøkt om forbudet oppfylte et legitimt formål, ville det ikke vært klart at forbudet har feilet etter samtlige målestokker? Ville det ikke blitt klart at politiets maktbruk på rusfeltet har kastet bensin på et stadig større bål?

At straffeprosjektet ville kommet dårlig ut ser vi på folks holdninger. I en undersøkelse i 1968 mente 96 prosent at all bruk av cannabis burde være forbudt. I dag er befolkningen langt mer delt og rundt halvparten ønsker legalisering. Det er ikke uten grunn at folkets tillit til politiet er redusert, for om staten utstøter mennesker og utpeker dem som et problem på grunn av rusbruk som brukerne opplever som uproblematisk, er det rart at de trekker seg unna hjelpeapparat? Om staten forfølger borgere som velger mindre skadelige rusmidler enn dem som staten tilbyr, bør vi overraskes om respekt for lov og orden forvitrer?

Det er opplagt at mer av samme medisin ikke er godt for noe, og retten må ta med i betraktningen et større bilde. Ideen opprinnelig var å gjøre samfunnet narkotikafritt, og forfølgelsen begynte i 1968 gjennom skjerping av legemiddelloven og at straffeloven fikk en egen paragraf for omsetning av narkotiske stoffer. Siden har politiets ressurs- og maktmiddelbruk økt betraktelig, og vi ser resultatet på etterforskede lovbrudd. Frem til 1980 var det hvert år mindre enn 50 etterforskede narkotikalovbrudd per 100 000 innbygger. Innen 1990 var antallet økt til 200 etterforskede narkotikalovbrudd per 100 000 innbygger, og innen begynnelsen av 2000-tallet var det opptil 1000 etterforskede narkotikalovbrudd per 100 000 innbygger.

Til sammen snakker vi om nærmere en million straffereaksjoner hvor narkotika er involvert. I tillegg kan regnes mange tilfeller av varetektsfengsling som ikke endte i sak eller domfellelse, og det er umulig å veie den smerte og fortvilelse som ligger bak tallene. Fra et titalls arrestasjoner i året til titusenvis av frihetsberøvelser hvert år har maktmiddelbruken bredd om seg, mens strafferammene har økt fra 6 måneder til 21 år, og hva har samfunnet fått tilbake? Har alle kontrollkostnadene gitt noe annet tilbake enn mer død og ødeleggelse?

Undersøkelser av tilgjengeligheten viser at andelen som oppgir at de kan skaffe cannabis har økt kraftig fra 1968, da andelen ja-svar var 14 prosent. Til tross for eksponentiell økning i maktmidler og strafferammer, var andelen ja-svar steget til 29 prosent i 1994, og videre til 36 prosent i 2004. Siden har cannabis vært like tilgjengelig, mens gjennomsnittlig styrkegrad har økt fra 5 prosent i 2000 til 29 prosent og realprisen er redusert med 80 prosent. Dette til tross for en mangedobling av innsatsstyrken, så har maktmiddelbruken virket etter hensikten eller har samfunnet viklet seg inn i et destruktivt mønster?

Heller ikke tilbudssiden har forbudet vært egnet til å hamle opp med. SSBs beregning av den totale narkotikaomsetningen i Norge er beregnet til 1,75 milliarder kroner. Dette er penger som lovgiver hvert år putter i kriminelles lommer og Bretteville-Jensen har anslått at politi og tollvesen beslaglegger ca. 10 % av stoffmengden, et tall som Rushåndhevingsutvalget finner troverdig. 10 prosent er altså resultatet etter at narkotika-bekjempelsen har gjort Norge til et av Europas mest kontrollerte samfunn. På dette grunnlaget hevder regjeringen at mer tvangsmiddelbruk er avgjørende for sikring av folkehelse, men har politiets innsats gjort annet enn å holde prisene kunstig høye og gi organisert kriminalitet en kilde til fantastisk profitt?

Hvis lovgiver ikke kan vise til bedre måloppnåelse, er ikke krigen mot narkotika for lengst redusert til en katt og mus lek hvor uheldige brukere og selgere kvernes igjennom straffehjulet for å bringe økonomi og prestisje til politi og domstoler, men sorg og lidelse til andre involverte?

Regjeringen tar for gitt at politiets innsats er nødvendig, men hva betyr det at politiet beslaglegger 10 prosent? Hvis vi tenker oss om, betyr det at prisen på varer holdes kunstig høy, slik at organisert kriminalitet får grobunn. Det betyr at glattceller fylles, at familier mister nære og kjære til kriminalomsorgen, at brukerne opplever utrygghet og utvikler psykiske lidelser, at selgere organiserer seg i gjenger for å posisjonere seg, og at samfunnet utsettes for den dynamikken som vi kjenner så godt – den som fremmer hensynsløshet, overdoser og hardere fronter. Det er dette regjeringen merkelig nok vil ha mer av, men dobbeltmoralen og profittmulighetene bak forbudet har skapt massiv korrupsjon. Organisert kriminalitet kan bare vokse i den grad lov og orden mister tak, hvilket skaper mistro til politiet og grobunn for ytterligere korrupsjon, så bør jurister snart si ifra?

Ikke bare har politiets innsats vært nytteløs i målsetningen om et narkotikafritt samfunn. Kontrollomkostningene er så ødeleggende at andre statsledere vurderer legalisering som eneste løsning. Det er med god grunn, for hva betyr det om 10 prosent av varene ikke blir beslaglagt? Hvor ille ville det blitt om politiet la ned hele innsatsen mot narkotika?

Det er lite som tyder på en problematisk økning i bruk. For de aller fleste har ikke legal status stort å si, enten de velger å bruke eller ikke, og forbudt-frukt effekten er reell. Vi vet ikke i hvilken grad unge lokkes til cannabis av plantens forbudte status, men signaleffekten av forbud har ikke hatt ønsket effekt. Det er klart ut fra målestokker som tilgjengelighet og sosial aksept, og den reelle effekten av legalisering er at varer av bedre kvalitet ville erstattet dårligere og at elendige dealere ville mistet markeder. Incentivet for vold og represalier ville blitt mindre, hvilket ville gjort bruk og salg tryggere, og verden ville blitt et fredeligere sted. Rent faktisk, rapporter har i lang tid understreket at jo mer politiet blander seg i narkotikamarkedet, desto mer vold og utrygghet oppstår i lokalsamfunn, så hvorfor beholde forbudet? Frykten for legalisering fremstår ikke rasjonell, så er det et spill for budsjetter og prestisje? Alt tyder på det. I 60 år er straff blitt videreført på stadig tynnere grunnlag, og argumentene som brukes er så elendige at stadig flere mister respekten for myndighetene. Ruspolitikken rettferdiggjøres med sin støtte i befolkningen, men gjenspeiler ikke en eventuell støtte juristenes svik? Hvorvidt en politikk preget av indre motsetninger vil oppleve problemer med hensyn til aksept og tilslutning i befolkningen, avhenger av om kontradiksjoner forstås som kontradiksjoner, og tror du at ruspolitikken ville hatt så bred oppslutning om fagfolk hadde advart om det tvilsomme forholdet til grunnloven?

Kontradiktoriske forestillinger har Festinger (1957) kalt kognitiv dissonans. Erfarer vi en slik kognitiv dissonans, hevder Festinger at vi vil forsøke å fjerne eller redusere dissonansen fordi vi etterstreber konsistens i våre oppfatninger. Å oppleve at det er en inkonsistens i settet av meninger eller oppfatninger vi innehar, kan være så ubehagelig, hevder Festinger, at det sporer til å ville endre tilstanden på samme måte som opplevelsen av sult eller tørst. Forutsetningen for å ville korrigere og harmonisere sine meninger, vil imidlertid måtte være at de oppleves å stå i et motsetningsforhold.

Det er her forsvaret mener at juristene har sviktet, for om flere jurister hadde advart, ville ikke folk ha lyttet?

Vi skal se mer til mytene som forbudet bygger på. Stadig flere ser ruspolitikken som et tilfelle av keiserens nye klær, og du tror ikke at juristene, med sin lojalitet til forbudspolitikken, kan ha bidratt til et forfeilet prosjekt?

(hvis nei) Du fremstår preget av den kognitive dissonans som Festinger og andre har beskrevet. Allikevel, om det narkotikafrie idealet hadde lokket litt mer, ville ikke samtlige som straffer på rusfeltet akseptert dødsstraff i kampen mot narkotikaondet? Ville ikke debatt og motforestillinger vært forbudt fordi det «førte til mer bruk», og fremmer ikke regjeringen slike føringer?

(hvis ja) Det er godt å se betenkeligheter fra en ledende jurist. Parallellene til fortidens vilkårlige forfølgelse vil bli belyst senere, men om det narkotikafrie idealet hadde lokket litt mer, ville ikke samtlige som straffer på rusfeltet akseptert dødsstraff i kampen mot narkotikaondet? Ville ikke debatt og motforestillinger vært forbudt fordi det «førte til mer bruk», og fremmer ikke regjeringen slike føringer?

Historisk ble dødsstraff foreslått av Lars Myrvold, en ordfører fra Senterpartiet i 1974. Vi ser også at NNPF støtter henrettelse av narkotikasmuglere i medlemsbladets «smått og godt» spalte, og vi finner rikelige eksempler på at regjeringen beskylder debattmotstanderne for at Norge taper krigen mot narkotika. Det er derfor historisk og prinsipiell kontekst er viktig, og påtalemyndighet og domstoler svikter sitt samfunnsoppdrag så lenge vilkårlig forfølgelse består og effektiv minoritetsbeskyttelse uteblir. Er ikke straff på tilbakeviste premisser per definisjon vilkårlig, og er det ikke i ettertid opplagt at lovgiver burde ha sørget for bedre faglig styring?

Straffelovkommisjonens rapport viste i 2002 at forbudet var uforenelig med strafferettens prinsipper. Om ruspolitikken de siste 20 år skulle hatt sitt på det tørre, burde lovgiver ikke etter dette utredet fordeler og ulemper av et regulert marked målt opp mot et kriminelt marked og undersøkt om retten til frihet var tilstrekkelig vektlagt?

Tilliten til myndighetene og ulike forvaltnings-organer er høy i Norge. Statsforvaltningen er utviklet på samlende prinsipper og verdier som har historiske røtter i Norge, og som vi deler med mange andre land. Sentralt står folkestyre, rettssikkerhet, lovlighet, faglighet, uavhengighet, lojalitet, åpenhet og objektivitet. Jo sterkere forvaltningskulturen er forankret i disse prinsippene og verdiene, desto mindre sannsynlig er det at minoritetsgrupperinger faller utenfor rettsstatens beskyttelse. Det er derfor embetsholdere er beskyttet av et særlig vern i stillingen. Når demokratiet svikter, skal de sikre faglighet og rettssikkerhet, men det er vel etablert gjennom forskning og embetsmenns erfaring at forvaltningen utsettes for kryssspress og at kravene om lojalitet, nøytralitet og faglig uavhengighet trekker i ulike retninger. Knut Dahl Jacobsen omtalte dette i en klassisk og ofte sitert artikkel[17] fra 1960 som et delikat balanseforhold som det var krevende å håndtere. Embetsmenn skal være lojale iverksettere av den politiske vilje, men de skal også være politisk nøytrale, og de skal gjøre innsigelser når politikerne ønsker å gjennomføre beslutninger som ikke er lovlige, eller som det kan rettes sterke innsigelser mot på faglig grunnlag.

Slike innsigelser er ikke registrert fra justisdepartementet når Helsedirektør Karl Evang på begynnelsen av 1960-tallet brukte epidemimodellen for å rettferdiggjøre totalitære tiltak på rusfeltet. Vi ser i stedet at forbudet kom til verden mye på samme måte som tiltakene mot

---

[17] Tidsskrift for samfunnsforskning, hefte 4, 1960, s. 231–248, Lojalitet, nøytralitet og faglig uavhengighet i sentraladministrasjonen.

Corona-viruset. For å beskytte samfunnet ble sterke tiltak iverksatt, og mens samtiden innser at innskrenkningene forbundet med Corona politikken var overilt, har ruspolitikken fortsatt i 60 år utenfor konstitusjonell kontroll. Til tross for dette, gjelder i straffesaker et prinsipp om at enhver rimelig tvil om faktum skal komme tiltalte til gode. Hvilken betydning har dette prinsippet hatt for ruspolitikken? Har ikke fasadebegrunnelser blitt brukt for å straffe, og har ikke straffefrihetsgrunner blitt ignorert?

I tillegg til den epidemiologiske beskrivelsen, som sosiologer i dag tar avstand fra, ble det på 1960-tallet i mediene gitt et bilde av narkotikaforbryteren som et hensynsløst individ. Narkotikaforbryteren ble tegnet som en pestspreder som uten skrupler spredte død og elendighet i sin higen etter penger og profitt. Når lovgiverne begrunnet behovet for straffeskjerpelse ble det eksplisitt vist til at det var denne type individer – bakmennene – man ville til livs,[18] og billedliggjøringen av narkotikaforbryteren som «bakmann» bidro til å rettferdiggjøre strenge straffereaksjoner. Straffelovrådet lot seg lede av lovgivers signal om mer straff, men i 1994 tok

---

[18] Justiskomitéens merknader til lovforslaget om å heve maksimalstraffen til 21 års fengsel for narkotikaforbrytelser., Inst. O. Nr. 55 – 1983-1984: 4.

lederen for straffelovrådet, Johs Andenæs, kraftig avstand fra ruspolitikken. I en artikkel i Lov og Rett som het liberalisering av narkotikalovgivningen, etterlyste han prinsippdiskusjon fordi kampen mot narkotika var tapt, og det eneste realistiske mål var å redusere skadevirkningene av narkotika mest mulig. Akkurat som forsvaret, ville høvdingen av norsk strafferett ta norsk ruspolitikk inn i fremtiden. Andenæs mente at jussen måtte «ta hensyn ikke bare til de direkte medisinske og sosiale skader av selve bruken, men også de samfunnsmessige omkostninger ved bekjempelsen, de såkalte kontrollskadene: Utgifter til politi, domstoler og fengselsvesen, menneskelig lidelse for dem som rammes og deres pårørende, vinningskriminalitet fra narkomane for å skaffe seg midler til stoff, oppblomstringen av organiserte kriminelle miljøer», alt dette måtte vurderes målt opp mot menneskerettigheter. Andenæs beskrev en ond sirkel som fulgte av kriminalisering, men har Justisdepartementet eller andre jurister fulgt opp?

Justis fulgte ikke opp. Justis støttet heller riksadvokat Rieber-Mohns avvisning av forsøket på prinsipiell debatt og sto på Justisminister Dørums side når han tretten år senere avviste forslaget fra straffelovkommisjonen. Andenæs påpekte at «Dørum snakker før han tenker», hvilket var sterke ord, men ifølge Odd Einar Dørum opplevde han juristene i departementet som iherdige medspillere, som til enhver tid arbeidet for at den sittende justisminister fikk størst mulig gjennomslag i regjering og Storting.[19] Er det juristenes rolle å beile for politikere? Gjorde juristene på lovavdelingen en god eller dårlig innsats for rettsstaten da de hjalp Dørum å avvise straffelovkommisjonens arbeid?

På samme tid som Andenæs etterlyste prinsipiell debatt, skrev Kriminolog Hedda Gertsen et innlegg i Lov og Rett[20] hvor hun kritiserte fengselspolitikken. I *Fengselsvesenets skjulte verdimønstre* omtales målet om et narkotikafritt samfunn som utopisk. Hun viser til Andenæs sin artikkel og fortsetter om det narkotikafrie samfunnsidealet: «Med dette ene målet for øye, ser det ut til at ethvert tiltak blir vurdert ut fra ett eneste hensyn: Effektivitet, den praktiske betydningen. Mens verdier og menneskelige, anstendige hensyn som vi vanligvis bryr oss om, knapt gis betydning.»

Akkurat som Andenæs, etterlyste Gjertsen en prinsipiell debatt som tok opp spørsmål om problemer i tilknytning til stoffbruk og kontrollens

---

[19] Festskrift til Justis- og beredskapsdepartementet 1814-2014 s 71

[20] I *Fengselsvesenets skjulte verdimønstre* Lov og Rett 1995 s 414-427 – (LOR-1995-414)

omkostninger. Hun viste til Andenæs sin frykt for at fremtidens dom mulig ville bli at narkotikapolitikken har vært vårt århundres feilinvestering i straff, og mente at fengslene ikke hadde særlig gode muligheter til å unnslippe en slik dom. I så fall, om justismyndighetene ville følge opp sin generelle uttalelse om å bedre straffens kvalitet, hevdet Gjertsen at det aller viktigste Justis kunne gjøre, var å være åpne for en bred og grundig dokumentering av narkotikakontrollens ulike sider, også de menneskelige og verdimessige omkostningene.

Dette var ekko fra tidligere kritikk. Professor i kriminologi Nils Christie hadde i flere tiår advart mot fiendebildebygging og totalitære fakter, men hvordan har Justis og påtalemyndighet fulgt opp innsikten fra kriminologi? Har juristene vært åpne for en bred og grundig dokumentering av narkotikakontrollens ulike sider, inkludert de menneskelige omkostningene, og har de vært villige til å ta de verdimessige sidene opp til diskusjon?

Forsvaret forstår om du som jurist vil beklage støtte til et forfeilet prosjekt. Det ville vært godt å vite at dette sosiale eksperimentet har vært styrt av gode intensjoner, men det er dessverre ikke mye som tyder på det. Historikere har knyttet forbudet til fremmedfrykt som ble utnyttet av profitt- og maktinteresser. Her i Norge fikk vi krigen mot narkotika etter påtrykk fra USA, og det var President Nixon som offisielt startet krigen mot narkotika i 1969. Er du klar over Nixon administrasjonens motivasjon?

Mens Nixon fremstilte narkotikakrigen som kamp for å redde ungdommen fra et onde, var den egentlige grunnen å finne et påskudd for å plage borgerrettighetsaktivister. John Ehrlichman, en av Nixons fremste rådgivere, har innrømmet dette. Som han forklarte Harper Magazine:

Nixon-kampanjen i 1968, og administrasjonen etter det, hadde to fiender: venstresiden som var mot krigen og svarte mennesker. Du forstår hva jeg sier? Vi visste at vi ikke kunne gjøre det ulovlig å være mot krigen eller svart, men ved å få publikum til å assosiere hippiene med marihuana og svarte med heroin. I den grad vi kriminaliserer begge sterkt, kan vi forstyrre disse samfunnene. Vi kan arrestere lederne deres. plyndre hjemmene deres, bryte opp møtene deres og baktale dem kveld etter kveld på nyhetene. Visste vi at vi løy om stoffene? Selvfølgelig gjorde vi det.

Også H. R. Haldeman, stabssjef i det Hvite Hus under Nixon, har innrømmet at krigsprofitørers interesse for sosial kontroll var utgangspunktet for krigen mot narkotika. Er du sjokkert over maktens kynisme, eller antar du fortsatt at det ligger gode intensjoner bak krigføringen?

Her i Norge har rapporter avvist straff på rusfeltet i over 20 år. Internasjonalt har det manglende faggrunnlaget vært bekreftet av rapporter i over hundre år, men ingenting av dette har hatt relevans for Justisdepartementet. Hva tenker du om at forbudet videreføres på så tynt grunnlag: Styrker eller svekker det mistanken om at makten har en annen agenda enn den uttalte?

Den uttalte hensikten med forbudet er å beskytte samfunnet fra narkotika. Har narkotikaloven redusert tilbud og etterspørsel etter illegale stoffer, eller har forbudet vært en gavepakke for krigsprofitører?

Lovgivers tro på forbud fremstår lite gjennomtenkt. Det er utvilsomt at forbudet har vært ubrukelig middel til et narkotikafritt samfunn. I stedet har stadig mer budsjetter og maktmidler gått til dominans- og kontrollindustri, mens stadig flere har blitt kastet i fengsel. Resultatet er mer kriminalitet, sykelighet, fremmedgjøring og død, drevet frem på en politistats premisser, så fortjener en regjering som vil ha mer av det samme folks tillit?

En ting er politikere som vil straffe uten grunnlag. Narkotikaloven har vært en melkeku som har gitt politikere et grunnlag for å posisjonere seg som forkjempere for folkehelse, samtidig som en politistat bygges, og krigen mot narkotika har vært billig valgflesk. Populistiske politikere har tjent godt på å spre frykt i befolkningen, og det er lett å forstå hvorfor den politiske prosessen har sviktet. Politikere har aldri vært kjent for sin integritet, og stortingsrepresentantene er under påtrykk av særinteresser som vil ha et størst mulig sugerør inn i statskassa. På alle områder av stortingets virksomhet er det derfor ikke nødvendigvis de beste løsningene som foreslås. Det er i stedet de mektigste aktørene som påvirker den politiske prosessen, men jurister har ansvar for at grunnlovsstridige lovforslag ikke får gjennomslag. I den grad Justisdepartementet ivaretar sitt fagansvar, vil totalitære og destruktive tendenser holdes i sjakk, og et tilbakeblikk viser at Justis aktivt har presset frem strengere lover. I Ot.prp. nr. 46 (1967–1968) fremla Justis- og politidepartementet forslag om en ny § 162 i straffeloven. Formålet var å kunne møte de mer profesjonelle aktørene i narkotikamiljøet med hardere reaksjoner. Justis regnet med at Norge i fremtiden måtte regne med stadig grovere narkotikalovbrudd fra utenlandske profesjonelle aktører. På bakgrunn av dette tok Justis til orde for at høyere strafferammer ville kunne bidra til avskrekking for utenlandske profesjonelle aktører, og mente at strafferammene ikke burde settes under 10 år. Lovendringa ble sanksjonert 21. april 1972 med ei utviding av strafferamma til 10 år, men hjalp det? Virket økningen i strafferammer forebyggende for internasjonale bakmenn eller ødeleggende for norske borgere?

Som Rusreformutvalget har påpekt, var det først og fremst brukerne som fikk stadig lenger dommer for innblanding i narkotikamarkedet. Disse ble fengslet over en lav sko, og fikk stadig strengere straffer. En gjennomgang av straffeutmålingspraksis i 1980 viste at enkeltsaker allerede hadde «beveget seg helt opp mot maksimumsgrensen i § 162». De fleste dommene etter § 162 gjaldt narkotikalovbrytere som selv brukte narkotika, og som solgte narkotika for å finansiere eget bruk, men i Ot.prp. nr. 62 (1980–1981) fremla Justis- og politidepartementet igjen forslag om heving av strafferammen, denne gangen til 15 år. Departementet erkjente uro for om en økt strafferamme ville medføre strengere straffeutmålingspraksis som rammet misbrukerne enda hardere, men tok likevel til orde for heving av strafferammen.

Ved lovendring 12. juni 1981 økte derfor strafferammen i § 162 til 15 år, men justis var ikke fornøyd. Departementet presset umiddelbart på for videre fullmakter, og ba i brev av 1. oktober 1981 om at Straffelovrådet skulle komme med forslag til ytterligere endringer av strafferammen. Straffelovrådet svarte i NOU 1982: 25 *Narkotikalovbrudd, ran og heleri* at det ikke var noen grunn til en skjerping av straffeutmålingspraksis, blant annet ut fra at Norge i nordisk sammenheng «stort sett [var] det strengeste land på dette område, ikke bare med hensyn til strafferamme, men også med hensyn til utmålingen i konkrete saker». Ifølge Straffelovrådet burde det være forholdsmessighet mellom forbrytelse og straff, og ut fra en sammenligning med straffen for andre lovbrudd lå narkotikastraffene på et nivå «som må vekke betenkeligheter overfor en ytterligere skjerpelse». Videre understreket Straffelovrådet at det ikke var grunn til «å vente noen særlig allmennpreventiv virkning av en skjerpelse av straffenivået», men juristene på lovavdelingen var lojale til lovgiver og et forslag som innebar en utviding av strafferammen til 21 år, ble likevel fremmet. Som ved forrige revisjon av § 162 var det potensielt enda grovere fremtidige narkotikalovbrudd og symboleffekten av strafferammen som ble trukket fram som vektige moment til støtte for dette.

Straffelovrådet var klar på at en heving av strafferammen burde begrenses til visse typer stoff, men Justis så bort fra dette. Diskusjonen om maksimumsstraffen for de groveste narkotikaforbrytelser skulle være 15 år eller heves til fengsel i 21 år ble isteden skildret som overdimensjonert, og også cannabis ble inkludert. Departementet ville ikke høre snakk om differensiering av strafferamme med grunnlag i at stoffene hadde forskjellig skadepotensial, og den 8. juni 1984 ble strafferammen utvidet til 21 år. Det er en regel i jussen at jo strengere lov desto strengere er kravene til lovgivningen, så hvorfor har ikke Riksadvokaten stått opp for effektiv minoritetsbeskyttelse?

Om vi ser på andre forbrytelser som av lovgiver har plassert i kapittel 23 om vern av folkehelsa og det ytre miljø, sammen med narkotikalovbruddene, har det skjedd en utvikling. Strafferammen for «allmennfarlig forgiftning» er for eksempel redusert fra 21 til 15 år, dermed er det mer klanderverdig å gjøre seg skyldig i omgang med et større parti cannabis enn å forsettlig spre «smittestoffer eller smittestoffprodukter gjennom luft, vann, jf. straffelovens § 238. Det er også tilsynelatende mer klanderverdig å ha omgang med en betydelig mengde narkotika enn forsettlig å tilsette «gift eller stoffer med tilsvarende virkning i næringsmidler eller andre gjenstander bestemt for alminnelig bruk eller salg» og dermed «[volde] allmenn fare for liv eller helse» eller «[forårsake] forgiftning som medfører fare som nevnt», jf. §§ 232 og 239. Når dette er status for lov og rett, er det ikke opplagt at lovgiver har sviktet fagansvar? Burde ikke dommere og påtalejurister lenke seg fast foran stortinget i protest?

Astrid Skretting uttalte i 1991 at «Blant jurister er det bred enighet om at straffeutmålingen for narkotikaforbrytelser ikke er i samsvar med straffenivået for øvrig og at dette er et problem i norsk rettspleie.» Det fremstår opplagt som om Justisministeren er av en annen disposisjon, men hva gjør det med rettssikkerheten når jurister stiller seg til disposisjon for å straffe på tvilsomt grunnlag? Burde juristene på lovavdelingen ha advart heller enn å støtte opp om lovgivers signaler?

Kan du tenke deg hvor vi hadde vært i dag om lovavdelingen etter NOU 2002: 04 hadde hatt integritet til å stå imot politisk press, eller om jurister i 1994 hadde fulgt opp Andenæs sitt forsøk på debatt?

Kjell Andorsen skrev i Kritisk Juss i 1995 at «Hevningen av straffenivået i narkotikasaker har et paradoksalt og nærmest desperat preg».[21] Målet var et narkotikafritt samfunn, og som Andenæs påpekte, «da problemet likevel økte, så man det som et bevis på nødvendigheten av strengere straff».[22] Dette er logikken som har drevet frem økte strafferamme. Allikevel, forarbeidene til straffeloven 2005 inneholder en lengre drøftelse av hvordan lovgiverne bør nærme seg spørsmålet om hvilken atferd som skal belegges med straff. Lovgiverne oppstiller tre grunnleggende prinsipper som skal styre kriminaliseringsvurderingen. Departementet utlegger prinsippene slik:

Skadefølgeprinsippet bør være utgangspunkt og grunnvilkår for kriminalisering: Atferd bør bare gjøres straffbar dersom den fører til skade eller fare for skade på interesser som bør vernes av samfunnet. I tillegg må to andre kriterier vurderes for at loven skal sette straff for en bestemt atferd: (1) Straff bør bare brukes dersom andre reaksjoner og sanksjoner ikke finnes eller åpenbart ikke vil være

---

[21] Andorsen, Kjell V., Straff og narkotika, hvor går vi? Kritisk Juss 1995, 104-113

[22] Andenæs, Johs., Liberalisering av Narkotikalovgivningen, Lov og Rett 1994 (625-28)

tilstrekkelige. (2) Straff bør bare brukes dersom nyttevirkningene er klart større enn skadevirkningene.

Utgangspunktet for kriminaliseringsspørsmålet er således skadefølgeprinsippet, hvilket vil si at det er normalt bare den skadelige atferd straffelovgivningen bør ramme. Forutsatt at atferden er skadelig, gjelder ytterligere to begrensninger. Begrensningen departementet peker på i punkt (1) i sitatet, kalles i det følgende for subsidiaritetsprinsippet, og den de peker på i punkt (2) for hensiktsmessighetsprinsippet. Lovgivernes fremgangsmåte, der de baserer kriminaliseringsspørsmålet på anvendelsen av disse tre prinsippene, kalles for prinsippstyringen av strafferettspolitikken og Straffelovkommisjonen regnet prinsippene som «sentrale momenter for om en handlingstype bør være straffesanksjonert».

Etter straffelovkommisjonen er prinsipiell styring derfor vektlagt av norske myndigheter. Kriminaliseringsprinsippene oppstilles i Ot.prp.nr. 90 (2003–2004) om straffelovens alminnelige del, som dannet grunnlaget for lov 20. mai 2005 nr. 28 om straff. Dermed «underskrev» Stortinget på prinsippene før de hadde fått anledning til å se hvilke konsekvenser de ga anvisning på i konkrete saker. Justisdepartementet la til grunn at en slik fremgangsmåte best ville tilrettelegge for en «bred og prinsipiell debatt» om kriminaliseringsspørsmålet, ettersom konkrete enkeltspørsmål ikke ville skygge for en debatt om de overordnede utfordringene som straffelovarbeidet ga opphav til. Har ikke allikevel slik debatt uteblitt på rusfeltet? Har ikke forbudstilhengere satt premissene for debatten?

Prinsippstyringen innebærer en nyvinning vurdert opp mot den pragmatiske tilnærmingen til kriminaliseringsspørsmål som har vært rådende i norsk rett. Nyvinningen består i at prinsippene skyver i forgrunnen de generelle verdiene som vurderes som særlig grunnleggende ved avgjørelsen av kriminaliseringsspørsmål, for det skaper et begrunnelsesproblem for lovgiverne dersom de ikke ønsker å åpent fravike prinsippene.

Utfordringen for prinsippstyringen er derfor, som Førstestatsadvokat Thomas Frøberg har påpekt i *Prinsippstyring i strafferettspolitikken*,[23] at fasadebegrunnelser kan brukes til å omgå problemet og at «faren for kamuflasjebegrunnelser øker proporsjonalt med størrelsen på spriket mellom prinsippene og de resultatene lovgiverne ønsker å nå.» Vi berører med dette et viktig spørsmål for lov

---

[23] Kritisk Juss 2010 s 38-63 – (KRJU-2010-38)

og rett, for gjelder ikke dette for narkotikalovgivningen? Har ikke fasadebegrunnelser som «folkehelse», «signaleffekt», og «forsvar av samfunnets moral» videreført straff på tilbakeviste premisser i over 20 år?

Forsvaret minner om at Straffelovkommisjonen anbefalte avkriminalisering av rusbruk ut fra skadefølgeprinsippet, samt at Rusreformutvalget avviser straff. Det er ingen forskning som tyder på at forbudet har levd opp til intensjonen om å fremme folkehelse, ei heller en positiv signaleffekt, og Førstestatsadvokat Thomas Frøberg påpeker i samme artikkel utfordringer forbundet med fasadebegrunnelsene. Han gjør oppmerksom på at «Et bredt definert skadefølgeprinsipp kan utgjøre en vel så stor trussel mot den personlige autonomi som for eksempel en sterkt moralistisk straffelovgivning», og at «under slike forhold blir prinsippene først og fremst et kraftig retorisk virkemiddel, idet de ikler politiske vurderinger en språkdrakt som gir inntrykk av at kriminaliseringen er i overensstemmelse med de idealer vi mener straffelovgivningen skal tilgodese.» Er ikke dette et problem i ruspolitikken? Er ikke prinsippene som skulle tøyle statens makt i realiteten blitt til et slagkraftig virkemiddel for inngrep i den private sfære?

Alt tyder på det, for ironisk nok er prinsippet om likhet for loven eneste grunn til at forbudet består. Det var derfor rusmisbrukere ikke ble unntatt straff i den politiske prosessen rundt rusreformen, og også Rushåndhevingsutvalget vektlegger prinsippet i totalitær retning, med fokus på om avkriminalisering av tyngre brukergrupperinger er i strid med det strafferettslige likebehandlingskravet. Men hvem andre enn politistatens disipler vekter likhetsprinsipper til inntekt for despotiet? Blir ikke ettertidens dom tung å bære?

Det er klart at likhetsprinsippet forbyr all usaklig forskjellsbehandling når straff er involvert, og at mer helhetlig tenkning innebærer at de illegale stoffene reguleres på lik linje med alkohol og tobakk. Dette var som vi har sett løsningen for straffelovkommisjonens flertall. Etter rusreform-rapporten er grunnlaget for å avvise straff enda klarere, og hvis det følger av uskyldspresumsjonen at bevisbyrden for straffeskyld påhviler staten, kan signaleffekten og gode intensjoner rettferdiggjøre et forbud? Når en av tre 16-30 åringer har prøvd cannabis, og straff videreføres på tilbakeviste premisser, er ikke signalet som sendes at makten er korrumpert?

I Norge hviler den fungerende strafferetten på en bred allmennpreventiv plattform og dette er tydelig i narkotikasaker. Norge er blant Europas strengeste land når det gjelder straff for narkotika, både når det gjelder hvilke stoffer som omfattes og når det gjelder straffens styrke. Samtidig ligger vi også i Europatoppen når det gjelder antallet tunge rusmisbrukere, overdoser, og dødsfall. Likevel begrunnes straffeutmåling i narkotikasaker ofte med allmennprevensjon, som for eksempel Rt-2005-343: «Ved utmåling av straff for grove narkotikaforbrytelser vil de allmennpreventive hensyn veie tungt». Men vil de det? Vet vi at strenge straffer har en slik faktisk effekt, eller er det i realiteten her snakk om en fordømmelse av en handling, uavhengig av straffens virkninger for narkotikaomsetningen?

Det eneste som er sikkert, er at det ikke henvises til noen undersøkelser som ligger til grunn for slike antakelser om straffens påståtte virkning for allmennheten. Allmennprevensjons-argumentet skjuler i stedet et rettsløst landskap, og vi ser heller aldri noen empiriske henvisninger i norsk rett som støtte for allmennpreventive argumenter. Men bør ikke straff begrunnes på en bedre måte enn antakelser i form av rene gjetninger uten forankring i virkeligheten på annen måte enn hva dommere tror (og kanskje egentlig bare håper) vil ha effekter? Hvis det er usikkert og vanskelig å måle den faktiske sammenhengen mellom valg av reaksjonsform og handlingens hyppighet, hvorfor bruke allmennprevensjonsargumentet som begrunnelse for straff og utmåling i det hele tatt, når det er så alvorlige forhold vi snakker om?

Allmennprevensjonen hviler på et nødvendig premiss; at den faktisk virker. Dette reiser et omgående spørsmål til strafferettsvitenskapen og til den praktiske begrunnelsen: Hvorfor er den ikke i større grad empirisk fundamentert? Det virker som om man helt har skjøvet ut de empiriske vitenskapene fra et felt som i så stor grad er empirisk begrunnet. For eksempel heter det i Ot.prp.nr.90, pkt. 6.3.1: «Gjenstand for behandling her er bare straffens tilsiktede virkninger», men hvorfor er det bare de tilsiktede og ikke de faktiske virkningene som er av interesse i et prevensjonsperspektiv?

Morten Kinander har reflektert over dette. Mye av det vi har delt over er hans tanker, og som han sier:[24] «Alternativene synes i realiteten kun å være to. Enten så orker man ikke å foreta en empirisk undersøkelse av rettens virkninger, eller så har det vist seg vanskelig å faktisk dokumentere de ønskede resultatene uten at man av den grunn vil gi opp troen

---

[24] Kinander, Straffens begrep og begrunnelse, Jussens venner 42, s 155-92

på at det virker. Det gjøres i hvert fall ikke noe forsøk på å vise den empiriske realiteten i det man mener er en faktisk konsekvens av straffen. Det er oppsiktsvekkende. Og hvorfor skal det være de tilsiktede virkningene som er gjenstand for behandling? Er dette et utslag av ren ønsketenkning om hvordan man vil straffen skal fungere? Hva departementet gjerne skulle ønske var virkningene av straffen, er i et begrunnelsesperspektiv saken helt uvedkommende. Dette blir som om en meteorolog kun skulle melde om det tilsiktede været. Man sier at noe eksisterer, men ikke kan måles, og at dette er det egentlige grunnlaget for straffen. Denne betydningen av allmennprevensjon kan selvfølgelig ikke utelukkes, men den kan like lite bekreftes. Den er med andre ord like riktig som den er gal. Og det er ikke et holdbart utgangspunkt for en strafferettsvitenskap».

Argumentasjonen som opprettholder forbud er altså et problem for rettsvitenskapen, idet undersøkelser viser at det er liten sammenheng mellom utbredelsen av narkotika og reaksjonsformene. Likevel forutsettes det rett og slett en forbindelse, noe som er forståelig når man ikke opererer med *andre* begrunnelser for å straffe enn straffens påståtte virkninger. Da ender det med at man helt lukker øynene for den verden man skal regulere, hvilket ruspolitikken er et eksempel på. Fordi lovgiver sviktet sitt fagansvar etter NOU 2002: 04, genererte rettssystemet gjennom 2000-tallet hele 65 480 straffedommer for brudd på straffeloven og nesten like mange for brudd på legemiddelloven. Samtlige kunne vært unngått om juristene hadde fulgt opp Johs Andenæs sitt forsøk på å fremme en prinsipiell debatt, men offentlig panikk hadde innen da svekket fagfeltet og ingen sørget for effektiv minoritetsbeskyttelse.

På 2010-tallet fortsatte derfor vilkårlig forfølgelse. Innen da var riksadvokaten og domstolene informert om koblingen til fortidens heksejakt, men prøvelsesretten ble avvist. Høyesterett tilkjente lovgiver full tillit i 2010, da forbudet første gang ble bestridt, og 88 058 reaksjoner for brudd på straffeloven fulgte dette tiåret. Igjen kan vi legge til nesten like mange reaksjoner for brudd på legemiddelloven, og alt dette kunne vært unngått om påtalemyndigheten i 2008 hadde forberedt saken korrekt for domstolene i Sør-Østerdal tingrett.

Dette ble ikke gjort fordi statsadvokaten i Hedmark og Oppland sviktet lederansvar. Også andre vitner vil dokumentere statsadvokatenes og den høyere påtalemyndighets svikt av rettssikkerheten og det var ikke før 2018, nesten 20 år etter at Straffelovkommisjonen avsluttet sitt arbeid, at lovgiver måtte hanskes med rettigheter. Det ble mer og mer opplagt at forbudet gjorde vondt verre, og internasjonale trender gjorde at rusreform meldte seg. Rusreformutvalget ble et nytt nederlag for forbudet, men atter en gang svarte lovgiver med å avvise sitt eget bestillingsverk, og hva sier dette om den politiske prosessen? Kan lovgiver avvise så viktige funn uten å tape legitimitet?

Vi har allerede sett svikten etter at straffelovkommisjonen anbefalte likebehandling med alkohol og tobakk, og at lovgiver, etter så sterk kritikk som Rusreformutvalget kom med, burde sørget for en utredning som vurderte et regulert marked målt opp mot et kriminelt. Når det ikke skjedde, hva annet enn manglende integritet og systemsvikt gjør at ruspolitikken fortsetter på et konstitusjonelt sidespor?

Etter det mest omfattende arbeidet som er gjort av norske myndigheter på området ble det med NOU 2019: 26 klart at prinsipper som likhet, selvbestemmelse, forholdsmessighet, og frihetspresumpsjon ugyldiggjorde straff mot brukere. Det ble klart at forbudets omkostninger var enorme, mens gevinsten var usikker, og at avkriminalisering er i tråd med internasjonale forpliktelser. Som utvalget sa om dette:

Menneskerettighetsperspektivet står . . . sentralt i de fleste anbefalinger. Et hovedsiktemål er å forhindre brudd på menneskerettigheter som følger av kontrollpolitikken, som vilkårlig fengsling og uproporsjonale straffer for narkotikakriminalitet.[25]

Dette er viktig. Vilkårlig fengsling er forbudt, og om vi kan oppnå bedre resultater med mindre inngripende midler befinner vi oss i tvilsomt konstitusjonelt terreng. Det var derfor utvalget anbefalte avkriminalisering, men om dette er godt nok er usikkert. Fordi politikerne utelukket et regulert marked, satte utvalget et moralsk skille mellom bruk og salg. Det var du som bestemte dette, ikke sant?

Som leder for Rusreformutvalget ble du den 27. mars 2018 gjort oppmerksom på grunnlovsetiske utfordringer forbundet med utvalgets arbeid. Ifølge mandatet skulle utvalget redegjøre for hvordan de foreslåtte endringene forholdt seg til Norges folkerettslige forpliktelser, blant annet menneskerettighetene, og dere mottok fra AROD en informasjonspakke som viste at det sto meget dårlig

- [25] NOU 2019: 26 Rusreform – fra straff til hjelp, kapittel 7.5.2.2., s 185 til med forpliktelser til menneskerettighetene. De foreslåtte endringer som mandatet la opp til gikk på ingen måte langt nok i å tilsikre befolkningens rettighetsbilde, og utvalget ble bedt om å se nærmere på prinsipielle utfordringer. Hvordan ble informasjonen fra AROD mottatt? Diskuterte medlemmene seg imellom om mandatet skulle tolkes snevert eller bredt?

Bakgrunnen for rusreformen var en erkjennelse av at rusproblematikk i all hovedsak er en helseutfordring. Regjeringen erkjente at straffeforfølgning av bruk og besittelse av illegale rusmidler til eget bruk ikke bare bidro til stigmatisering, marginalisering og sosial utstøting, men kunne ha stått i veien for å møte den enkelte bruker med hensiktsmessige og tilpassede tilbud og oppfølging. At forbudet var en del av problemet, ville ingen tenke på. Det var politisk tabu å bestride forbudslinjen, men Rusreformutvalget skulle forberede gjennomføringen av regjeringens rusreform der ansvaret for samfunnets reaksjon på bruk og besittelse av illegale rusmidler til eget bruk overføres fra justissektoren til helsetjenesten. Hjelp – ikke straff, var mottoet som inspirerte rusreform, og utvalget skulle utrede de foreslåtte endringenes forhold til Norges folkerettslige forpliktelser, blant annet FNs narkotikakonvensjoner og menneskerettighetene. Den foreslåtte lovgivningen innebar straff for alt over noen brukerdoser, og er det da mulig å gå fra kriminalisering til sykeliggjøring av rusbruk uten en generell rettighetsanalyse?

Utvalget gjorde ingen vurdering av rettighetsbildet til de forfulgte på rusfeltet. Utvalget opererte i stedet med et moralsk skille mellom bruk og salg, og fokuserte på rettssikkerheten til brukerne. Åpenbarer ikke dette en blindsone? Når straff for bruk ikke kan forsvares, og utvalget finner mindre inngrep uforholdsmessige, hvordan kunne dere implisitt godkjenne varetektsfengsling og 21 års strafferamme som nødvendige maktmidler? Hvis en analyse ikke finner at straff kan forsvares for besittelse av narkotika til eget bruk, er det ikke mulig også et problem med straffen for salg?

At strafferammen for salg ikke kan forsvares ble påpekt av Straffelovkommisjonen i 2002. Kommisjonens flertall vurderte strafferammene for salg som uforholdsmessige, og anbefalte maks straff på 6 år for cannabislovbrudd. Hvordan var det for medlemmene av utvalget å se bort fra et større problem? Var det noen som tenkte på rettighetene til de med mer enn brukerdoser, eller var dere enige om å vri tilbud og etterspørsel til en offer- og overgriperkontekst?

Om Rusreformutvalget ikke var enige om å vri tilbud og etterspørsel til en offer- og overgriperkontekst, hvorfor aksepterte dere et moralsk skille mellom kjøp og salg? Hvorfor undersøkte ikke utvalget straffens grunnlag for de med mer enn noen brukerdoser?

Den 3. mars 2019 mottok Rusreformutvalget et nytt brev. ARODs leder Roar Mikalsen hadde hatt et møte med deg hvor det gikk frem at du tolket mandatet snevert. AROD informerte i dette brevet om at du var del av et apparat som siden 2008 hadde beskyttet forbudet mot konstitusjonell kontroll, og viste flere eksempler på problemer med argumentasjonen som du benyttet for å opprettholde en blindsone. Utvalgets medlemmer ble oppfordret til å sørge for bedre gjennomgang, eller å gå av i protest, for alt tydet på at Rusreformutvalget ble brukt som brikker i et politisk spill, hvor poenget var å se vekk fra et større problem. Kan du huske dette brevet og om det fikk oppmerksomhet?

Vi skal straks belyse blindsonen knyttet til salg. Det var synd at utvalget ikke tok tak i den, men dere gjorde en god jobb med å avdekke det manglende grunnlaget for straff. Hvordan ble rapporten mottatt? Virket flertallet på stortinget interessert i rapportens konklusjoner, eller var interessen større for å beholde maktmidler?

Som vi så når vitne Aasen forklarte seg, ville verken politiske partier eller interesseorganisasjoner tenke på det manglende grunnlaget for straff. De ville heller straffe på tilbakeviste premisser, men det er et krav at jo strengere straff, desto strengere krav stilles til lovverket. Hvordan oppleves det da for den Høyere påtalemyndighet å jakte på selgere? Etter hvert som verden beveger seg fremover og stadig flere land regulerer cannabismarkedet, er det økt uro knyttet til strafferammene for salg?

Ifølge Politiloven skal politiet «ikke ta i bruk sterkere midler uten at svakere midler må antas utilstrekkelige eller uhensiktsmessige, eller uten at slike forgjeves har vært forsøkt». Om politiet bruker makt på områder som ikke behøves, er ikke Norge lenger en rettsstat, men en politistat, og politiloven er en av grunnlovens viktigste forsvarsverk mot tyranniet. Det er derfor viktig at politiloven følges. Men om fordeler og ulemper ved et regulert marked ikke har vært utredet, hvordan kan vi være trygge på at politiet bruker minst mulig makt? Hvordan har mindre inngripende midler «forgjeves vært forsøkt»?

Vi vet godt at mindre inngripende midler ikke forgjeves har vært forsøkt. Vi vet også at forbudet ble etablert som resultat av en korrupt politisk prosess, og om vi ser tilbake var problemene med cannabis, psilocybin, og andre stoffer langt mindre før forbudet. Alt tyder med andre ord på at et regulert regime er mer hensiktsmessig enn et kriminelt marked, så hvordan kan de maktmidler som anvendes være «nødvendige» og stå «i forhold til situasjonens alvor, tjenestehandlingens formål og omstendighetene for øvrig»? Hvordan kan du si at ansvaret for lov og orden er ivaretatt, så lenge politisk og administrativ ledelse ikke vil vurdere mindre inngripende midler?

Når det gjelder rettssystemets integritet, har Douglas Husak, professor i juss ved Rutgers Universitet, bemerket: «Krig har blitt erklært mot narkotika. Hvis krig skal erklæres, skulle man først håpe at to betingelser ville være oppfylt. For det første bør fienden være tydelig identifisert, for det andre bør fiendens spesielle betydning demonstreres. Dessverre er ingen av betingelsene tilfredsstilt av krigen mot narkotika».[26] Hvis dette er tilfelle, fremmer ikke narkotikaloven rettsløshet og urettferdighet?

Paul Hunt, FNs tidligere spesialrapportør for retten til høyest oppnåelige helsestandard, sa en gang at de internasjonale narkotikakontroll- og menneskerettighetssystemene eksisterer i parallelle universer.

---

[26] DOUGLAS HUSAK, *DRUGS AND RIGHTS* (1992) 20

En konvergens av de to universene er i gang, og FN går stadig lenger i retning av et regulert marked. Som Volker Türk, FNs menneskerettighetskommisær, uttalte den 5. februar 2024:

> *To turn an economy away from the cultivation of illicit crops, it is important that communities – including farmers, women and Indigenous Peoples – are meaningfully consulted on options for alternative livelihoods. We also need measures that can take control of illegal drug markets, such as responsible regulation that can eliminate profits from illegal trafficking, criminality and violence.*

Med tanke på at verdenssamfunnet går i retning av regulering for å innfri folkerettslige forpliktelser, mens prinsippløse norske jurister vil gå andre veien, er Norges status som rettsstat truet?

Den norske regjeringen sidestiller forbud med solidaritet i praksis, men vi snakker mer sannsynlig om byråkratisk vanstyre av uvanlig destruktiv karakter. Det er derfor Rusreform-rapporten var nedslående for lovgiver, og både Oslo-politiet og Oslo Statsadvokatembetes innspill til Rushåndhevingsutvalget er på linje med forvaret. Statsadvokatene erkjenner at dagens situasjon innebærer krevende regler å håndtere. De ba utvalget derfor klargjøre om politiet skal etterforske og avdekke bruk av narkotika eller ikke, hvilket innebærer en rettighetsanalyse, og også Oslo politidistrikt støtter avklaring fordi dagens rettstilstand gjør det vanskelig å likebehandle saker. Politiet ba derfor utvalget ta «stilling om likhetsprinsippet også tilsier en kraftig reduksjon i straffenivået for rekreasjonsbrukerne», og om svaret var negativt ville politiet at utvalget tok «stilling til om forskjellsbehandlingen reelt sett er forholdsmessig», hvilket innebærer en analyse som veier individets rett til frihet mot samfunnets behov for beskyttelse.

Dette ble ikke gjort, og straffens tvilsomme fundament vil skaper mer usikkerhet helt til forholdet til Grunnloven klarlegges. Spørsmålet er avgjørende for en helhetlig rusreform, hvilket Hurdalsplattformen er helt tydelig på at regjeringen skal legge fram, og først når Ansvarlighetsloven er kommet til anvendelse kan strafferetten tas inn i et nytt paradigme. Først da kan juss som fagfelt komme til sin rett etter at rettsvesenet i 60 år har forfalt, for Rushåndhevingsutvalget er resultatet av regjeringens politiske spill, og terskelverdier opprettholder en blindsone slik at forbudet kan fortsette.

Så la oss snakke om terskelverdiene. Lovgiver og Høyesterett bruker dette kastesystemet for å skille mellom kjøp og salg, hvilket fungerer dårlig. Ett gram cannabis kan deles like mye som 20 gram kan røykes alene, og problemet med vilkårlig forfølgelse fortsetter. Vi skal se mer til det, men om tilbud og etterspørsel ikke vris til en offer- og overgriperkontekst, hvorfor skille kjøp fra salg? Hvordan avgjør ett eller hundre gram om brukere kan sykeliggjøres eller demoniseres?

Opplever Førstestatsadvokaten at du meningsfylt bidrar til lov og rett når cannabisselgere fengsles?

Rushåndhevingsutvalget hadde rett i at terskelverdiene er uten juridisk eller medisinsk grunnlag, men dette systemet ble fastsatt av Høyesterett i 2022 for å gi lovgivers signaler rettslig vekt. Til tross for dette har ingen forklart hvordan ulike stoffmengder avgjør om brukere skal sykeliggjøres eller demoniseres og både «signaleffekt» og «spredningsfare» forblir svak begrunnelse for straff, uten empiri. Vi har sett at verken Justisministeren eller andre jurister kan forklare forskjellsbehandlingen på rusfeltet, og det skal ikke mye til for å innse at terskelverdier er ubrukelige retningsanvisere for straff. Hva er da poenget? Er terskelverdier et resultat av manglende vilje til selvinnsikt?

Det fremstår som om terskelverdienes reelle nytte er at de gir forbudstilhengere et grunnlag for å leve uten skam i en brytningstid. Terskelverdiene har vist seg uten et prinsipielt fundament og Høyesterett har brukt signaler fra lovgiver for å finne en grense som fritar for straff: ettersom avkriminaliseringen går fremover – og lovgivers signal modnes – kan grensen forventes å bli hevet til siste forbudstilhenger har dødd og verden kan tilpasse seg en mer helhetlig standard for menneskerettigheter. På denne måten kan de ansvarlige se vekk fra parallellen til tidligere totalitære eksperimenter, men er dette en holdbar løsning? Er det ikke å la ofrene bære undertrykkernes byrde?

Forbudstilhengere setter ikke pris på rettighetsjuss fordi de har vridd tilbud og etterspørsel til en offer- og overgriperkontekst. Slik blir brukere umyndiggjort og selgere demonisert. Men er det ikke samme lov om tilbud og etterspørsel og samme varierende bruksmønstrene for lovlige og ulovlige stoffer?

Hvis det er samme lov om tilbud og etterspørsel og de samme varierende brukermønstrene, er det riktig å se narkotikahandel i en offer- og overgriperkontekst? Avslører ikke dette en blindsone som bør belyses?

Hvorfor gå bort fra det tradisjonelle målet om skyld? Normalt, det være seg kniver, økser, eksplosiver eller lovlige rusmidler, er sosial ringeakt og moralsk klanderverdighet forbeholdt dem som misbruker et produkt, ikke de som tjener på salget: Hvorfor har en cannabisselger mer skyld enn en misbruker? Hvorfor fortjener narkotikaselgere verre straffer enn mordere og folk som voldtar barn? Om ikke jurister kan forsvare slike lover, hvorfor har Norge slike straffer, 22 år etter at straffelovkommisjonen påpekte et misforhold?

Mens lovgiver og politi tidligere fremstilte all bruk av illegale stoffer som misbruk er det få som gjør det samme i dag og forskning tyder på at det er samme varierende brukermønstre som for alkohol. Men om ikke all bruk er misbruk, hvorfor vris tilbud og etterspørsel til en offer- og overgriperkontekst? Hvorfor er narkotikaselgerne så ille?

Jurister kan vanskelig svare på dette spørsmålet, ettersom tyranni og autonomi er motsetninger i et meningsbærende univers. Vi vet at brukere heller vil ha med selgere å gjøre enn politiet og mens selgere har tilbudt en vare det er gode nok grunner til å bruke, har politiet tilbudt umyndiggjøring, tvang, og frihetsberøvelse. Hvis menneskerettighetene beskytter bruk, som stadig flere domstoler hevder, har ikke politiet et større etisk problem enn selgere?

Har ikke de som ledet an i utryddelsen mer å svare for?

Spørsmålet berører forbudets kjerne, moralen som forsvarer forfølgelse. Som Riksadvokaten erkjente i høringsuttalelse til Rusreformutvalget er forskjellsbehandlingen av rusbrukere et paradoks, hvilket sliter på lovens autoritet: Kan ideen om god og dårlig moral være snudd på hodet? Kan det være årsaken til at panikk videreføres, og kan prinsipiell tenkning helbrede samfunnet?

Poenget med ruspolitikken, bare ikke uttalt, er å gjøre rusbruk så farlig som mulig. All bruk betraktes som misbruk, det er ingen kvalitetssikring, og jo verre brukerne har det desto mindre lukrativt er det for andre å bli «narkomane». Regjeringen satser derfor på straff for å holde rusbruk nede, men kan folk ha tillit til den politiske prosessen? Om ikke skillet mellom lovlige og ulovlige stoffer er rasjonelt, kan borgere lære annet av ruspolitikken enn å gjennomskue hykleri?

Grunnlovens § 94 sier at «Ingen må fengsles eller berøves friheten på annen måte uten i lovbestemte tilfeller og på den måte som lovene foreskriver. Frihetsberøvelsen må være nødvendig og ikke utgjøre et uforholdsmessig inngrep», men utredinger viser at gevinsten av straff er usikker, at omkostningene enorme, og ingen har påvist en nytteeffekt. Hva er da igjen av signaleffekten? Hva slags signal sendes ved å bryte grunnloven?

Verken statsråden eller lovavdelingen har forklart hvorfor brukere av andre stoffer enn alkohol bør umyndiggjøres og det gjenstår å se om forbudet oppfyller et legitimt formål når stadig flere land regulerer cannabis for å beskytte folkehelsen. Rusreformutvalget er klar på at straff ikke har hindret utbredelse av narkotika og det er gode grunner for et regulert marked. Den viktigste er, som utvalget konkluderte, at ikke «begrunnelseskravet for strafflegging av disse handlingene er oppfylt».

Om begrunnelseskravet for straff ikke anses oppfylt, er ikke dette god grunn til å regulere markedet? Er ikke dette all grunn som trengs?

Det er også andre grunner til å fjerne forbudet, slik vi gjorde med alkohol. Vi vet at forbud har store samfunnsmessige omkostninger, at det påtvinger brukere kontakt med kriminelle, og at det illegale markedet utgjør en trussel. Narkohandelen har i et halvt århundre korrumpert institusjoner som skal sikre et åpent samfunn, samtidig som en større prosent av befolkingen ofres. Dette er omkostninger som får liten oppmerksomhet, men hva innebærer verdighet: Er det et rusfritt liv for enhver pris, eller et liv hvor selvbestemmelse vektlegges?

I den grad et rusfritt liv vektlegges over selvbestemmelse, vil koblingen til fortidens undertrykkende kampanjer være mindre åpenbar. Likevel er tyranniets essens alltid den samme og det narkotikafrie idealet avslører historiske paralleller: I den grad nordmenn har omfavnet dette idealet, har samfunnet fått hykleri og dobbeltmoral som fremmer forfølgelse; autoritetstro fraksjoner som støtter overgrep og angiveri; en politistyrke som slår inn dører på jakt etter syndebukker; og rettsstatsprinsipper som er satt til side. Hvordan er dynamikken i Norge forskjellig fra Orwells dystopiske litteratur? I den grad det narkotikafrie idealet vinner frem, er vi ikke utsatt for samme dynamikk som Tyskland under andre verdenskrig?

I den grad dobbeltmoralen på rusfeltet aksepteres, vil koblingen til fortidens undertrykkende kampanjer fremstå absurd. Akkurat som nazistene betraktet jøder som en trussel, vil forbudstilhengerne se narkotika som et problem, men det vil være vanskelig å se et større bilde. Forsvaret tilbyr derfor Professor i Statsvitenskap Bernt Hagtvets innsikt:

Ofte glemmer vi at nazismen ikke var en appell til brutalitet og hat. For dem som kom innenfor dens stråleglans, fremsto Hitler som sinnbildet på uegennytte, patriotisme, renhetslengsel, harmonidrøm og nasjonal gjenfødelse. Derfor fikk nazismen en slik tiltrekningskraft. Den ble ikke opplevd som en konfrontasjon med anstendigheten. Nazismen maskerte sin brutalitet som idealisme. Nazismens fatale tiltrekningskraft lå i et estetisk-politisk program for å skape det nye ariske mennesket mot den heslige jøden.[27]

Er det ikke bare her å bytte ut fiendebilder og overmenneske-ideer med drømmen om et narkotikafritt samfunn, så ser vi dynamikken bak ruspolitikken? La oss omformulere:

Ofte glemmer vi at forbudet ikke var en appell til brutalitet og hat. For dem som kom innenfor dets stråleglans, fremsto det narkotikafrie idealet som sinnbildet på uegennytte, patriotisme, renhetslengsel, harmonidrøm og nasjonal gjenfødelse. Derfor fikk forbudet en slik tiltrekningskraft. Det ble ikke opplevd som en konfrontasjon med anstendigheten. Forbudet maskerte sin

---

[27] Bent Hagtvet (red.): Folkemordenes svarte bok (2008) 461

brutalitet som idealisme. Forbudets fatale tiltrekningskraft lå i et estetisk-politisk program for å skape et rent samfunn fritt for den heslige narkotikaen.

Vi ser hvorfor forbudet har slik appell. Vi forstår også hvorfor NNPFs medlemsblad i smått-og-godt spalten feirer at narkotikaselgere tas livet av andre steder i verden, for i den grad det narkotikafrie idealet lokker, går ikke forbudstilhengerne over lik for å trygge samfunnet?

Vi ser at både forbudsfolk og nazister er så preget av fiendebilder og renhetslengsel at målet i begge tilfeller godtgjør middelet. Vi har derfor lover som skal fremme et narkotikafritt samfunn og dette idealet forfølges med religiøs iver. Det spiller ingen rolle at samfunnet er lenger unna enn noensinne, ei heller at fagfolk bekrefter at mindre inngripende tiltak er bedre egnet; forbudstilhengerne vil straffe seg frem til paradis, uansett pris, og det er essensen i en dynamikk som ugyldiggjør Grunnloven. Er ikke problemet da det narkotikafrie idealet?

Regjeringens rådgivere i ruspolitikken er jurister som tidligere riksadvokat Tor-Aksel Busch, pensjonert lagdommer Iver Huitfeldt, og andre som måler forholdsmessighet ut ifra et narkotikafritt ideal. Denne tradisjonen har løftet frem panikken som Rusreformutvalget dokumenterte, og kontrasten til riksadvokaten er stor. Som Huitfeldt svarte på spørsmål om kroppsransakelse er et proporsjonalt inngrep dersom politiet oppfatter en person som ruset:

> *En rustilstand gir i seg selv skjellig grunn til mistanke om besittelse og besittelse forutsetter erverv og igjen nesten alltid import. Forholdsmessighet må relateres til en målestokk. Finner politiet en salamipølseskive med narkotiske stoffer, er ikke saken dermed oppklart og avgjort. En pølseskive må jo komme fra en hel pølse, derfor blir hele pølsa målestokken. Slik er det med alle funn av narkotika, forholdsmessigheten må vurderes mot et stort, ukjent kvantum.*

Vi ser her hvorfor Arbeiderpartiets jurister og riksadvokaten krasjer. Førstnevnte veier forholdsmessighet fra et narkotikafritt ideal, men kan inngrepet være forholdsmessig om gode grunner for straff uteblir? Om et inngrep ikke avhjelper men gir skade, kan det være nødvendig?

Hva synes du om juss som avleder forholdsmessighet fra et narkotikafritt ideal? Er denne tradisjon egnet til å verne om rettsstaten eller kan historiens dom bli vond?

Riksadvokaten har forlatt det narkotikafrie idealet til fordel for mer rasjonelle hensyn. FNs menneskerettighetsapparat og stadig flere statsledere mener at fornuftig regulering må til, så bør regjeringen finne nye rådgivere?

Hva med Justisdepartementet? Ingen har forklart hvordan dobbeltmoralen på rusfeltet er forenelig med konstitusjonelle hensyn, men ni justisministere har beskyttet forbudet mot konstitusjonell kritikk: Fortjener ikke stat og samfunn en større oppvask, og fortjener ikke ansatte i politi- og påtalemyndighet en beklagelse?

Det er ikke bare Justis som har sviktet ansvar. Rusmiddellovbrudd er den største kategorien av straffereaksjoner i retten og frihetsrettigheter krever spesielt vaktsom beskyttelse. Til tross for dette har ni høyesterettsdommere hindret rettsutvikling og grunnlovssikring og over 200.000 straffereaksjoner er omstridt etter at Høyesterett i 2010 for første gang beskyttet forbudet mot kritikk. Ingen av disse dommerne har utvist det skjønn som stillingen krever. Samtlige har vært like villige til å ignorere rettsstatsprinsipper som politikerne de skulle kontrollere, så hva tenker du om ukultur i staten? Kan offentlig panikk forme ruspolitikk i 60 år uten at ukultur er et problem?

Hva tenker du om ukultur i ledelse? Kan offentlig panikk videreføres tiår etter tiår uten svikt i ledelse? Er det blitt en tradisjon i narkotikabekjempelsesmaskineriet å finne ledere som støtter narkotikaloven uavhengig av rettmessighet?

(hvis nei) Så du tenker ikke at 60 år med forbud har fremmet en kultur hvor storting, regjering, justisdepartement og andre krigsprofitører har begrenset debatten av hensyn til bevaring av prestisje, budsjetter, og maktmidler? Du finner det ikke påfallende hvordan den styrende eliten har holdt Norge i straffesporet, og at forbudet forblir beskyttet som en hellig ku?

Senterpartiet forsøkte høsten 2022 å spille politisk mynt på behovet for mer maktmidler og mer straff ved å påstå at rusbruken hadde økt etter at Høyesterett utmålte straffefrafall for tunge rusbrukere og riksadvokaten begrenset tilgangen til maktmidler. Det er siden avdekket at Senterpartiet brukte udokumenterte påstander, eller hva andre vil kalle løgn, for å få gjennomslag for en politikk som bryter med menneskerettigheter. Ifølge FN er straffefrihet det største problemet for beskyttelse av menneskerettighetene, så bør ikke Justisministeren holde partikolleger ansvarlige?

Det er dessverre liten sjanse for at Mehl vil ta jobben med å holde partikolleger ansvarlige. Justisministeren selv er en av dem som bruker løgner for å fremme partilinjen, og den 5. september 2023, kommenterte politioverbetjent Bård Dyrdal Justisministerens påstand at man har «registrert *en dobling* av unge voksne i alderen 18-30 år som har prøvd narkotika». Statsviter Dag Wollebæk gjorde klart at det er «ingen data som støtter denne vanvittige påstanden», og Dyrdal påpekte «at en justisminister som feilinformerer for å få gjennom politikk på falske premisser, er livsfarlig». Hadde han vært Stortingsrepresentant, så hadde han bedt henne om å klargjøre om dette var en misforståelse eller noe hun gjorde bevisst, og hva tror du? Når løgner og manglende interesse for forskning og rettsstat er blitt et mønster, forteller ikke det alt vi trenger å vite?

Det er liten tvil om at Mehl bør frykte politiets vrede. Den dagen politifolk oppdager at de har risikert liv og helse for å jakte på medmennesker og at de har fratatt dem jobb, barn og livsgrunnlag for å tilfredsstille byråkrater som ikke vil erkjenne feil, er det lite igjen av Justisministerens autoritet. Den dagen kommer helt sikkert, for skaden som følger av forbud blir større, og politifolk må leve med stadig mer på samvittigheten. Hvordan tror du for eksempel at politimannen som ved et uhell skjøt en 22 år gammel gutt på Grønland og gjorde han lam vil tenke om maktbruken på rusfeltet, når han forstår at gutten like gjerne kunne solgt sprit? Hva skal foreldrene til gutten mene om politiets innsats?

Om retten lurer på hvordan det er for politifolk å våkne til uretten i ruspolitikken, så lytt til Knut Røneid som mistet sønnen sin. Ikke fordi sønnen døde av narkotika, men fordi han tok livet sitt etter at politiet tok fra ham førerkort for mistanke om cannabisbruk. Lytt til også politifolk som har raidet leiligheter og sett unge mødre dø av overdose fordi de i panikk har svelget dopet sitt. Lytt til politifolk som har sett foreldreløse barn vokse opp, og som har forstått hvordan forbudet utsetter dem for en ødeleggende dynamikk, fra brukere til selgere til innsatte og stadig mer nedkjørt. Lytt til slike politifolk, og retten vil forstå at jo flere som har beskyttet Mehl underveis, desto styggere blir fallet. For om stortinget, riksadvokat, og dommere ikke vektlegger signaleffekten av å holde Justisministeren ansvarlig for menneskerettsbrudd, men fortsetter å straffe på tilbakevist grunnlag, er ikke det et signal om at rettsstaten har spilt fallitt og at en ukultur har utviklet seg hvor maktmennesker står over loven? Hvor lang tid tar det da før borgerne innser hva slags monster som forbudet har skapt?

Hvor lang tid før Justisministeren på vei til butikken får bank av gamle damer med veska? Hvor lang tid før faren til Mehl ikke finner et eneste jorde han kan sette kuene sine på, fordi dattera hans er en landssviker?

For hver dag vi utsetter et rettsoppgjør, desto mer begredelig blir situasjonen for alle involverte. ARODs sivile ulydighet har avslørt den politiske prosessens svikt og i den grad Justisministeren ikke har tatt ansvar for forfulgte grupperinger, kommer Ansvarlighetsloven til anvendelse. Ut fra svarene avgitt rettens andre dag, er det klart at Justisministeren ikke har handlet i tråd med stillingsinstruks og grunnlovens krav, og i Rolleforståelsesutvalgets rapport del 4.2.2, Politiledelse – styring og ansvar, beskrives sentrale demokratiske verdier som legger føringer på offentlige organisasjoners funksjon. Først og fremst vektlegges «hensynet til borgernes personlige frihet og myndighetenes ansvar for at offentlige organisasjoner, slik som politiet, har mekanismer som hindrer overtredelse av grensene for personlig frihet og ansvar». Opplever du at slike mekanismer har fungert? Hvorfor eventuelt ikke? Er forbudsånden blitt til et monster som sørger for egen overlevelse?

Politiets innbyggerundersøkelse viser at av 100 spurte, har 72 tillit til politiet. Politidirektøren er fornøyd, men kritikere mener at hvis bare de med erfaring hadde blitt spurt så hadde tillitten vært lik null. Tenker du at narkotikalovgivningen har styrket tilliten til politiet eller svekket den?

Hva tyder på at lovgiver vet bedre i spørsmål om rusbruk enn den enkelte borger? Har ikke lovgiver flere ganger sett vekk fra ekspertutvalg for å videreføre politikk på tilbakeviste premisser? Viste ikke pandemihåndteringen i 2020-23 hvor lett frihetsrettigheter forkastes og hvor ivrig totalitære løsninger omfavnes?

Det er ikke lenger tabu å overføre jussens prinsipper på rusfeltet, og stadig flere går ut mot et regime som sliter med Grunnloven. Advokat Anne Kristine Bohinen har anført at den lave straffbarhetsgrensen i trafikken medfører en «krenkelsesfest» overfor mennesker som velger et alternativt rusmiddel til alkohol, og det er kjent at grensene bygger på manglende vitenskapelig grunnlag. Mens det er en klar sammenheng mellom alkoholverdier i blodet og nedsettelse av kjøreferdigheter, kan man ikke si det samme for cannabis, men allikevel har 28.000 bilister blitt straffet for ruskjøring, selv om de ikke nødvendigvis har vært ruset. Er ikke dette i strid med det grunnleggende prinsipp om at staten kun straffer borgere som har utvist klanderverdig atferd?

I forbindelse med Høyesteretts behandling av grenseverdiene for THC i trafikken, våknet jurister til den tvilsomme tilstanden for lov og rett. Advokat Torkjell Øvreboe fortalte om en jussprofessor som sammenlignet situasjonen med hekseprosessene:

I en hekseprosess fra middelalderen hadde en forsvarer anført at det ikke fantes hekser. Dommeren hadde svart at det selvsagt finnes hekser, siden man hadde innført lover mot dem. Samme type argument møter man også i dag. Retten konkluderer med ruspåvirkning fordi loven sier at de skal anses som ruset. Imidlertid er dette en påstand uten vitenskapelig belegg, på samme måte som å hevde at det eksisterer hekser.

Hva tenker du om slike paralleller? Er lærdommen relevant og kan historisk kontekst hjelpe samtiden videre?

All ære til jurister som ser forbindelsen til tidligere tiders vilkårlige forfølgelse, men hvorfor stoppe innsikten ved grenseverdiene i trafikken? Hvis man erkjenner at trafikkregimet ikke er nødvendig og forholdsmessig, hvordan unngå å se det samme problemet for forbudet?

Sett fra Grunnlovens perspektiv vitner det om kognitiv dissonans å ikke erkjenne et større bilde. Det er tross alt ikke bare i trafikken at grenseverdier er uten vitenskapelig hold og at straff videreføres i strid med rettsstatsprinsipper. Også for cannabisbruk generelt mangler empiri som forsvarer straff og forbudet videreføres fordi grunnlovens prinsipper er uten vekt. Sett fra jussens perspektiv er statens skjønnsmargin større for inngrep i trafikken enn i hjemmet, så avsløres ikke et problem for ruspolitikken generelt?

Som vi har vært inne på, viser innspill til Rushåndhevingsutvalget fra Oslo politidistrikt, Oslo Statsadvokatembeter, Politihøgskolen, og en rekke andre aktører at en gjennomgang av rettssikkerheten er nødvendig. Fordi ingen utredning er gjort består en blindsone, men Justisminister Mæland innrømmet at det er «veldig krevende vurderinger, bevisvurderinger og skjønnsvurderinger» som politiet må ta stilling til i møte med rusbrukere, og at en politijurist ikke alltid er tilgjengelig. Vi ser av riksadvokatens rapport at politiets vurderinger systematisk har vært utilstrekkelige, så er Rushåndhevingsutvalget egnet til å trygge? Kan ikke brukere forvente at stripping og ransakelse avhenger av om de møter politifolk fra miljøet rundt tidligere NNPF?

Vi vet etter 60 års jakt på rusbrukere at det eksisterer en ukultur i politiet, og en statsadvokat fra tidligere Norsk Narkotikapolitiforening (NNPF) har hevdet at Riksadvokatens retningslinjer ikke vil endre mye. Vi kan se på Rushåndhevingsutvalget at denne fraksjonen har sterke røtter, men politiet er delt. Det er først og fremst representanter for tidligere NNPF som ønsker å straffe på tilbakeviste premisser, mens LEAP Scandinavia representerer en motpol. Sistnevnte gruppering har lenge jobbet for en helhetlig og fordomsfri ruspolitikk, og er det ikke logisk å se til dette miljøet dersom politiets navn og rykte skal bedres? Etter Rolleforståelsesutvalgets rapport, bør ikke politi- og påtalemyndighetens innsats reformeres i tråd med grunnlovens verdier?

Vi har sett problemet med terskelverdier og riksadvokaten har akseptert prinsippet om å gå fra straff til hjelp i større narkotikasaker. Som sagt i høringssvar til rusreform:

I dag er vi der at selv meget alvorlige narkotikalovbrudd møtes med alternative straffereaksjoner hvis det vurderes som den beste individualprevensjonen. I en høyesterettsdom avsagt i august i fjor ble en 46 år gammel kvinne som hadde misbrukt narkotika i om lag 30 år, dømt til betinget fengsel på vilkår om narkotikaprogram med domstolskontroll for befatning med nær 10 kilo metaamfetamin. Den alternative ubetingede fengselsstraffen, og den subsidiære straffen ved brudd på vilkåret, var fengsel i seks år. Høyesterett anså at en slik betinget reaksjon gjorde det langt mer sannsynlig at hun ikke ville falle tilbake til rusbruk og ny kriminalitet, og det ble avgjørende for resultatet (i tillegg hadde det gått lang tid fra handlingen ble begått). Riksadvokaten anser dommen som et utslag av det etter hvert alminnelige syn at langtkommende narkomane som er motivert for endring, trenger annen oppfølging og et annet innhold i straffen enn hva soning av fengselsstraff innebærer. Dommen er således uttrykk for den tilnærming vi deler, nemlig en dreining fra straff til hjelp.

Hvordan er dette annerledes for andre som har forbrutt seg mot straffelovens § 232? Forskning tyder på at ideen om narkohaien er politisk fiksjon og at flertallet som sitter på lange dommer er brukere. Undersøkelser viser også at jo lengre straff, desto vanskeligere er veien tilbake til samfunnet, og er det ikke rimelig å anta at samfunnet tjener mer på en betinget dom enn å sende folk mange år i fengsel?

Forebyggende ser dette ut til å være den beste løsningen, så hvorfor opprettholde straff?

Vi har sett problemet med å vektlegge allmennpreventive hensyn, og ingen dommere bør vektlegge dette momentet i en rettighetsanalyse. Kriminolog Sverre Flaaten har påpekt at de fleste dommere personlig er meget skeptiske til ideen om at forbudet har individ- eller allmennpreventiv effekt,[28] og dersom slike hensyn brukes for å beholde straff betyr det at noen ofres for at andre ikke skal gjøre det samme. Likevel avhenger demonisering av narkotikasalg av at tilbud og etterspørsel vris til en offer- og overgriperkontekst, og ingen kan forklare hvorfor. I stedet for å straffe av gammel vane, burde ikke politiet protestere? Når halvparten av Europas borgere og store deler av USA har legalisert tilsvarende handlinger, er det ikke for ille å fortsette heksejakten?

Arbeidet til Ronald Keith Siegel, en amerikansk psykofarmakolog som var førsteamanuensis i forskning ved Instituttet for psykiatri og

---

[28] «På spørsmål om deres syn på allmenn- og individpreventiv effekt av straff i forhold til narkotikalovbrudd, er dommerne nærmest desillusjonerte. De færreste synes begrunnelsen i allmenn- og individpreventiv effekt er treffende eller anvendelig. Verken den allmennpreventive [eller] den individpreventive effekten fungerer som meningsbærende for dem i relasjon til narkotikalovbryteren.» FLAATEN, *HEROINISTER OG KONTORISTER* (2007), s.175

atferdsvitenskap ved Universitetet i California, Los Angeles, motsier at staten har en legitim statlig interesse i narkotikabekjempelse. Gjennom sin karriere var Siegel konsulent for flere statlige kommisjoner. Forskningen fokuserte på effekten av stoffer på menneskelig atferd, inkludert en rekke kliniske studier der frivillige mennesker tok medisiner som ketamin, LSD, cannabis, meskalin, psilocybin og THC, og når han vitnet i 2005 om langtidseffektene av metamfetamin og kokainbruk i Robert Blake-drapssaken, beskrev juryens formann Siegel som «et av de mest overbevisende vitnene».

I sin bok *Intoxication* hevder Siegel at å søke endrede bevissthetstilstander er en naturlig del av vår biologi, omtrent som driften etter drikke, mat og sex. Han anser dette som en fjerde drift, og hvis vi anerkjenner søken eller transcenderende opplevelser som del av vår biologi, gir kriminalisering av rusopplevelser mening?

I *Human Rights and Drug Control* kobler Melissa Bone, lærer i strafferett ved universitetet i Leicester, Siegels argument til menneskerettigheter. Hun skriver om narkotikabruk som en fjerde drivkraft:

Denne forestillingen samsvarer med menneskerettighetsfundamentalisme og ideen om at rettigheter er forankret i selve menneskets natur. Dette perspektivet erkjenner at menneskerettighetene har menneskeheten som sitt opphav, siden det er visse verdier, sosiale normer og behov som deles på tvers av alle kulturer, og derfor er noen behov ikke lokale, men menneskelige. Selv om menneskerettighetsfundamentalisme er gjenstand for kritikk, er hensynet til at rettigheter stammer fra vår menneskelige natur verdt å vurdere. Faktisk, hvis menneskerettighetene beskytter den menneskelige tilstanden ved design, og menneskelig narkotikabruk er et naturlig fenomen forankret i vår felles menneskelighet, så kan menneskerettighetene brukes til å bekrefte rusbruk som et menneskelig behov på en måte som kan hjelpe mennesker til å vokse og blomstre.[29]

Hvis rusbruk er en naturlig del av menneskelivet, forklarer det hvorfor narkotika har vunnet narkotikakrigen. Det forklarer også hvorfor forbudet har svekket statens autoritet, og så bør ikke påtalemyndighetens jurister se en større visjon enn å føre krig mot den menneskelige tilstanden?

---

[29] Melissa L. Bone, *Human Rights and Drug Control: A New Perspective* (2021) 36

Siden 2009 har Riksadvokat og Justisdepartement vært informert om vilkårlig forfølgelse på rusfeltet, men ingen har tatt ansvar for bruken av straff. Til tross for en forpliktelse til å kvalitetssikre lovgivning, forblir de forfulgte uten effektivt rettsmiddel, og ifølge Politiloven skal politiet «ikke ta i bruk sterkere midler uten at svakere midler må antas utilstrekkelige eller uhensiktsmessige, eller uten at slike forgjeves har vært forsøkt». Avdekker ikke dette et tvilsomt forhold til folkeretten? Hvis kuren er verre enn sykdommen, hvordan kan de midler som i dag anvendes sies å være «nødvendige», eller stå «i forhold til situasjonens alvor, tjenestehandlingens formål og omstendighetene for øvrig»?

Forbudsfolk vil si at narkotika er farlig og at forbud er det tryggeste rammeverket, men i 1996 opprettet nederlenderne en kommisjon bestående av åtte eksperter fra en rekke fagfelt som vurderte konsekvensene av et fullt regulert narkotikamarked. De publiserte funnene i *Drug Control Through Legalization* – en plan for regulering av narkotikaproblemet i Nederland, og deres innsikt var bemerkelsesverdig. Det ble anslått at full legalisering ville ha liten effekt på utbredelsen av brukere; at samfunnet ville spare milliarder; og at forbudet var et ineffektivt, urettferdig, unødvendig og destruktivt tiltak. Dette er hva kommisjonen bemerket om effekten som en legalisering ville ha på kriminalitet:

Full legalisering av narkotika i Nederland vil resultere i en reduksjon av det kriminelle markedet med rundt 1 milliard nederlandske gylden og av total kriminalitet med rundt 50-80 prosent. Denne enestående nedgangen vil redusere kriminalitetsraten tilbake til nivået på slutten av syttitallet.

Dette illustrerer at den stadig økende kriminaliteten ikke har vært et naturlig fenomen som skyldes oppløsning av tradisjonelle religiøse og sosiopolitiske organisasjoner, skilsmisser, tv-vold, immigrasjon, arbeidsledighet etc. Fremveksten av kriminalitet ser ut til å ha en klar og korrigerbar årsak: Forbudet mot narkotika. Antar du at forbudet har gjort en bedre jobb i Norge?

I 1971 konkluderte en nederlandsk kommisjon med at ruspolitikken burde skilles fra straffeloven for å avverge en uendelig og stadig mer eskalerende konflikt. Hulsman-kommisjonen observerte at om straffeloven anvendes på narkotikapolitikken, «vil etterforskningsapparatet utvide seg til en enorm, veltrent og svært våpenvillig enhet, som kontinuerlig må forbedres og utvides for å holde tritt med den uendelige eskaleringen». Som Loek Hulsman, lederen av den nederlandske kommisjonen, uttalte:

Hvis vi velger å gjøre strafferetten til hovedmiddelet for å avskrekke narkotikabruk, så er ikke dette valget bare utilstrekkelig, men også ekstremt farlig. Det skal gang på gang vise seg å være et utilstrekkelig middel, noe som vil føre til at de som går inn for å iverksette straff vil gå inn for enda strengere tiltak inntil etterforskningsvirksomheten blir hundre ganger mer intens enn den er under dagens situasjon. (...) Disse tiltakene vil forsterke polariseringen mellom ulike grupper i samfunnet, noe som kan resultere i en økning i voldshandlinger.

I ettertid ser spådommen ut til å ha gått i oppfyllelse. Har ikke også kriminologenes advarsel materialisert seg i norsk ruspolitikk? Har ikke forbudet vært et like utilstrekkelig middel her hjemme til tross for en mangfoldig eskalering av voldskapasitet?

På 1970-tallet var Norge velsignet med en robust kriminologitradisjon. Likevel var det rusfrie idealet sterkere, og mens den nederlandske regjeringen lyttet til eksperter og kom opp med Coffeeshop-systemet, har den norske regjeringen ignorert all motstand mot ruspolitikken i 50 år. Når vi ser tilbake, burde riksadvokaten og domstolene ha tatt Nils Christie på alvor da han i 1996 omtalte de ansvarlige for ruspolitikken som «fanatikere» og fastholdt viktigheten av at de ble holdt «under så sterk humanistisk kontroll som mulig»? Kunne ikke en rettighetsanalyse på denne tiden ha spart det norske folk for mye?

Faktum er at over 500,000 straffereaksjoner kunne vært unngått. Millioner av liv ville vært endret til det bedre og hundretusenvis av unge ville ikke gått gjennom straffehjulet. Det er dette som er juristenes verk og fagfeltets arv. Som vanlig når historien skal skrives, har jurister bygd tyranni, og det krever stadig mer godvilje å anta at det ligger gode intensjoner bak. Historien er tross alt klar på at forbudet hadde sin opprinnelse i fremmedfrykt og maktmenneskers ønske om mer sosial kontroll, og det er ikke lenger mulig for forbudstilhengere å tro på egne skrøner. De antar for eksempel at forbudet opprettholder god moral og at langt flere vil dukke under om ikke samfunnet beskyttes, men hvordan passer dette med situasjonen i Nederland, hvor man etter 50 år med legalisert cannabis ikke har merket større problemer?

Forbudstilhengere har rett i at avhengighet har store ringvirkninger. Jobb, familie, helse, og livskvalitet står på spill, men selv om noen blir avhengige, har staten et ansvar for å forhindre denne opplevelsen? Er ikke personlig vekst, som inkluderer bygging av integritet, avhengig av frihet? Kan vi vokse som mennesker uten plass til å oppleve og utforske, og er det ikke statens oppgave å sørge for tryggest mulig rammer?

Ikke bare er personlig vekst avhengig av autonomi, men retten til selvutvikling er sentral i menneskerettighetstradisjonen. Ytrings- og tankefriheten er knyttet til denne og brukere bekrefter at cannabis og psilocybin har stor verdi for moralsk, kognitiv og åndelig utvikling. Ja, det er mulighet for avhengighet av cannabis, men brukerne kjenner sin helse og det opp til dem å ta ansvar. Det samme gjelder for alkohol. Det er alltid mulighet for at folk drikker seg i hjel, men vi vet at kriminalisering gjør vondt verre, så bør ikke jurister erkjenne at symboleffekten av et forbud blir stadig mer grotesk?

Forsvaret har vist det manglende grunnlaget for straff og at grunnlovens prinsipper er uten vekt. Tilhengere av forbud vil hevde at uten straff ville alt vært verre, men i de områdene hvor cannabis har vært legalisert en stund, som i Uruguay og Colorado, er det stadig færre som vil tilbake til umyndiggjøring og tvang. Det er derfor eksempler på at ansvarlig regulering er mulig – og det lover ikke godt, verken for politiet eller innbyggerne, at et regulert marked er utelukket.

For cannabisbrukere og produsenter er dette åpenbart. De har rett til ikke å bli urettferdig diskriminert i forhold til alkoholbrukere og produsenter, men har ikke politiet rett til å være den best mulige versjonen av rettshåndhevelse? Har ikke ansatte i påtalemyndigheten rett til å arbeide med loven uten en gnagende følelse av at noe er råttent? Har ikke dommere og fengselsbetjenter rett til å gjøre jobben med god samvittighet? Har ikke barn rett til å vokse opp i en verden uten dobbeltmoral og hvor unødvendig inngripende lover resulterer i tap av mor, far, søster eller bror? Har vi ikke alle rett til å leve uten propaganda, fremmedgjøring, eller dragsuget fra den illegale økonomien?

Nærmere 30 prosent av alle narkotikalovbrytere blir også dømt for vinningsforbrytelser. Kan du forestille deg hvor mange vinningsforbrytelser som kunne vært unngått om det ikke var for dynamikken som følger av kriminalisering?

Tenk for eksempel på hva regulering av det illegale markedet kan gjøre for å redusere tyveriene og innbruddene i våre hjem. Drøyt 15 prosent av alle grove tyverier fra leiligheter, bolighus og hytter blir oppklart. Når tyveriene omfatter mindre verdier, og skjer uten en forsering av låste hindringer (simpelt tyveri), er oppklaringsprosenten noe lavere. Hvis tyveriet skjer fra områdene rundt hjemmet - for eksempel fra garasjer, oppgang loft eller kjeller - er det enda mindre sannsynlig at en gjerningsperson blir tatt. Hvis vi likevel ser på hvem som blir tatt for tyveriene i hus og hjem, har de narkotikasiktede mer enn halvparten av disse siktelsene. Kan dette bety at den økningen som har vært i kriminalitet siden 1960-tallet i store trekk skyldes regjeringens ruspolitikk?

Vi vet fra levekårsundersøkelsene (LKU) at vold og trusler blir anmeldt langt sjeldnere enn tyveri og skadeverk. Av alle tilfeller av vold og trusler som kartlegges i LKU, oppgir ofrene at 15 prosent er anmeldt. LKU gir grunnlag for å anta at de fleste mindre grove tilfellene av trusler og fysisk vold ikke ender opp i de registerbaserte kriminalstatistikkene. Kan du forestille deg hvor mye uregistrert vold og trusler som er relatert til narkotikamarkedet?

Ran er en annen lovbruddstype hvor de narkotikasiktede utgjør rundt halvparten av alle siktelsene. En studie fra Samfunnsspeilet i 2008 viste at antallet ranssiktelser er relativt få, men hele 70 prosent av alle siktelser mot ranere i 20-åra var mot personer som også var siktet for narkotikalovbrudd. Nå som kriminelle ikke lenger raner banker, er det mulig at narkotikamarkedet er blitt enda hardere? Om Barnekonvensjonen skal vektlegges, plikter ikke regjeringen å tilby bedre beskyttelse enn et forbud som gir grobunn til slik dynamikk?

Høyesterett bruker «spredningsfare» som utgangspunkt for et system med terskelverdier og dette begrepet ligger til grunn for strafferammene i narkotikasaker. Allikevel, bare så lenge tilbud og etterspørsel vris til en offer- og overgriperkontekst fremstår trusselen som reell. Det snakkes ikke om hvor mye vin vi kan ha i kjelleren før det skaper samfunnsproblemer, ei heller om hvor mange øl man kan kjøpe i butikken, og sammenlignet med alkohol er problemene med cannabisbruk mindre. Av utfordringene som følger er urene stoffer, psykoser, omgang med kriminelle, kriminelle intriger, og problemer med politi og barnevern relevant. Vi kan legge til den byrde som en evig krigstilstand påfører samfunnsutviklingen, men alt dette er knyttet til forbudet. Gir det da mening å snakke om «spredningsfare» i tradisjonell kontekst? Ligger ikke den reelle spredningsfaren i forbudets ideologi? Er det ikke denne som gjør blind for et større bilde, som avhenger av dobbeltmoral og fiendebilder for å bestå, og som er kilden til så mye lidelse?

Det er viktig å huske på at Rusreformutvalget, etter en grundig gjennomgang, ikke kan se at begrunnelseskravet for strafflegging av bruk og besittelse er oppfylt. Som Riksadvokaten påpeker er forskjellsbehandlingen av lovlige og ulovlige stoffer i stedet et paradoks, for spredning av cannabis har også positive sider. Virkningen kan gjøre folk mer kreative, sosialt engasjert, og interessert i personlig vekst. Den endrede bevissthetstilstanden kan øke kvaliteten på sosialt samvær, gi innsikt, bedre livskvalitet, og lette plager. Dette gjelder ikke bare majoriteten av brukerne, men også de med daglig behov, så er det ikke på tide å revurdere begrepet spredningsfare, slik at jussen kan formes i tråd med mindre villedende termer?

AROD har gjennom varslede aksjoner i perioden 2022-24 delt ut over en kilo cannabis. Politiet og Riksadvokaten har ikke grepet inn, og hva betyr det at AROD uforstyrret kan dele ut cannabis i Hovedgaten? Antyder det at forbudets tid er forbi? Er forholdet til Grunnloven så betent at Riksadvokaten ikke vil håndheve regjeringens politikk, eller kan du tenke seg andre grunner til avviket fra regelen om straff?

Hvis politiet ikke griper inn i varslede aksjoner med brudd på terskelverdier, men holder seg unna for å slippe et rettighetsargument i retten, er ikke dette en innrømmelse av skyld? Viser ikke påtalemyndigheten en quislings feighet når forsvarsløse brukere utpekes for straff, mens brukere som står opp for rettssikkerhet og selvbestemmelse ignoreres?

AROD har siden sommeren 2024 åpenlyst drevet en cannabisklubb i Oslo. Vårt Oslo beskrev i september 2024 «stor pågang», men politiet ville ikke gripe inn. Hva betyr det at cannabisklubber kan operere fritt? Hvis ikke politi vil ta tak i åpne brudd på narkotikalovgivningen, bør etaten jakte på brukere som gjemmer seg? Bør Statsadvokatene, Politidirektoratet, eller NN(P)F skrive hørings-innspill for mer maktmidler?

Politiet har et samfunnsoppdrag som helt overordnet består i å forebygge, bekjempe kriminalitet og skape trygghet for befolkningen. Har håndhevelse av narkotikaforbudet «forebygget rusbruk, bekjempet kriminalitet, eller skapt trygghet for befolkningen»?

I straffesaker gjelder prinsippet om at enhver rimelig tvil om faktum skal komme tiltalte til gode. Hvilken betydning har dette prinsippet hatt for ruspolitikken? Har forbudstilhengere oversett uskyldspresumsjonen og gjort det umulig for brukere å vise sin uskyld?

Det fremstår som klart at juristene har tillagt staten absolutt skjønnsmargin til tross for at forbudslinjen har vist seg uegnet til å nå målet om et narkotikafritt samfunn. Når dette målet er oppgitt, men forbudstilhengerne insisterer på straff basert på begrunnelser som ikke tåler øyesyn, er det ikke domstolenes oppgave å sørge for styring? I tider med panikk, hva annet enn prinsipiell veiledning kan hjelpe statens skip på rett kjøl?

Mindretallet i helse- og omsorgskomiteen (Høyre, Sosialistisk Venstreparti og Venstre) mente at rusreformen bygget på et bredt kunnskapsgrunnlag, og uttalte at det er forskningsmessig «tydelig konsensus» om at kriminalisering ikke har den effekten som har ligget til grunn for narkotikapolitikken. Det er derfor stadig flere land regulerer markedet for å beskytte folkehelse, men jurister på lovavdelingen står til disposisjon for ekstremister. Er det ikke jussens rolle å korrigere og veilede? Når Rushåndhevingsutvalget stripper ord som rettssikkerhet og forholdsmessighet for innhold, ser du parallellene til Orwells 1984?

Jusprofessor Hans Fredrik Marthinussen har sagt at regjeringen har blod på hendene for å ha motsatt seg rusreformen. Han har også uttalt at «spredningsfare er et eksempel på at rettsstaten ikke gjelder i narkotikasaker», og dette er riktig observert. Fordi offentlig panikk har fått råde ligger begrepet til grunn for stadige justismord, men det er ikke politiets oppgave å videreføre jakt på syndebukker. Ifølge Politiloven skal politiet i stedet «være et ledd i samfunnets samlede innsats for å fremme og befeste borgernes rettssikkerhet», «og enten alene eller sammen med andre myndigheter verne mot alt som truer den alminnelige tryggheten i samfunnet». Ingenting truer «borgernes rettsikkerhet» mer enn offentlig panikk, så bør Justisministeren arresteres?

Justisministeren er på sosiale medier opptatt at hvordan politiet «andre steder i verden» brukes av «totalitære stater til å håndheve grusomme lover som innskrenker grunnleggende rettigheter». Hva bør politiet gjøre i slike stater som Iran, hvor presteskapet forventer at politiet skal håndheve et overgrepsregime? Bør politifolk håndheve lover som nekter kvinner valg av klesdrakt?

I den offentlige debatten har AROD vist paralleller mellom presteskapet i Iran og norske myndigheter. Hvis forskjellsbehandlingen fra alkohol ikke kan forsvares, kan det neppe være verre å nekte selvbestemmelse over klær enn å nekte selvbestemmelse på rusfeltet, men i 60 år har norsk politi gjort livet elendig for brukerne. Stadig flere politifolk føler et ubehag knyttet til dette, så hva skal de gjøre? Skal de jobbe for bedre ledelse internt, selge cannabis for å få fokus på rettigheter, eller nekte å håndheve narkotikaloven? Er ikke alt dette legitim motstand mot et system som svikter rettssikkerheten?

Hva er din mening om ekstremisme? Finnes slik ideologi bare i Iran og andre fjerne nasjoner eller finnes den også i norsk narkotikapolitikk?

Ifølge FN er ekstremisme «ytterliggående forestillinger eller handlinger der vold anses som et akseptabelt middel for å tvinge igjennom dramatiske samfunnsendringer og oppnå politiske, religiøse eller ideologiske mål». Er ikke dette en beskrivelse av forbudstilhengerne?

Er det forbudstilhengerne eller legaliserings-tilhengerne som har splittet familier og kastet titalls millioner mennesker i fengsel? Er det legaliserings-aktiviser eller forbudstilhengere som bruker vold for å nå et mål som er lenger unna enn noen gang?

Om vi ser tilbake i tid finner vi at raselover, forbudet mot homofili, og andre heksejakter har som fellestrekk at tilhengerne ønsket å fri samfunnet fra påståtte onder. Fordi målet var antatt å hellige middelet rettferdiggjorde overgriperne de mest horrible handlinger, men kan ikke det samme sies om forbudstilhengerne? Er det noe som skiller Justisministeren fra andre ekstremister?

«Ekstremisme» er et negativt ladet begrep og det er forståelig om noen reagerer. Til tross for dette er definisjonen overført til norske forhold klar: Ifølge Store norske leksikon, er «et samfunn som Norge preget av svært bred oppslutning om demokrati, menneskerettigheter og maktfordeling slik dette er nedfelt i Grunnloven», og det vil være «politisk ekstremt» å frata «minoriteter eller opposisjonelle grunnleggende rettigheter, slik disse er definert i Grunnloven og internasjonale avtaler om menneskerettigheter». Er det ikke dette forbudstilhengerne har gjort?

For å redde verden fra narkotika har dere umyndiggjort brukere og demonisert selgere, dere har gjort rusbruk så farlig som mulig, tilrettelagt for organisert kriminalitet, oppfordret til angiveri, og svartmalt meningsmotstandere. De gode grunnene for å gjøre dette har vært vanskelige å få øye på, men ingenting har fått forbudstilhengerne til å revurdere. Heller enn å ta kritikk, har undertrykkelsen av rettsstatsprinsipper fortsatt, selv om rusbrukere har krevd rettsbeskyttelse. I 15 år har rettsstatsgarantier uteblitt fordi forbudstilhengerne ikke vil gå i seg selv, så burde det ikke være enkelt for en uavhengig, upartisk, og kompetent rett å se sammenhengen med tidligere tiders vilkårlige forfølgelse?

Den tyske psykiateren Wilhelm Reich bemerket rett før andre verdenskrig at «Det ligger i et politisk partis natur at det ikke orienterer seg i form av sannhet, men i form av illusjoner, som vanligvis tilsvarer massenes irrasjonelle struktur. Vitenskapelige sannheter forstyrrer politikernes vane å vri seg ut av vanskeligheter ved hjelp av illusjoner».[30] Ser du dette sitatet som relevant for regjeringens ruspolitikk?

Den kjente filosofen Voltaire, sa en gang at «de som kan få deg til å tro på absurditeter, vil også få deg til å begå grusomheter». Ser du dette sitatet som relevant for norsk ruspolitikk?

Sitatet er relevant fordi fagfolk som Nils Christie, Thomas Mathiesen, og Ragnar Hauge har koblet jakten på syndebukker til ruspolitikken. Forsvaret mener at det er en sammenheng mellom syndebukkmekanismen, hvilket vil si tendensen til å gi enkeltgrupperinger skylda for problemer som vi har et kollektivt ansvar for å løse, og Rusreformutvalgets påvisning av offentlig panikk. Hva tenker du om heksejakt i ruspolitikken? Spiller

---

[30] WILHELM REICH, *THE MASS PSYCHOLOGY OF FASCISM* (1970) 210

psykologiske forsvarsmekanismer hos forbudstilhengere en rolle i videreføring av straff?

Forsvaret mener det er en sammenheng mellom Rusreformutvalgets påvising av offentlig panikk og menneskerettsbrudd, hvilket vil si at i den grad panikk har preget utviklingen vil autonomi, likhet, forholdsmessighet og frihetspresumsjon ikke være vektlagt. Hva tenker du om forbindelsen mellom offentlig panikk, menneskerettsbrudd, og tidligere tiders vilkårlige forfølgelse? Fremstår forbindelsen opplagt eller vanskelig å få øye på?

Forsvaret takker for svar. Koblingen er så enkel som to pluss to, og om enkelte ikke ser sammenhengen mellom offentlig panikk, straff på tilbakeviste premisser, og rettighetsbrudd finnes dokumentasjon på fagfolk som gjør nettopp det, og sett fra samfunnets side kan vi ikke anta at forbudet er egnet til å beskytte. I stedet blir spørsmålet: Har forbudet redusert tilbud og etterspørsel? Har det fremmet samhold, sunne verdier og god forskning eller det motsatte? Kan forbudet ha fremdyrket en kollektiv psykose, mye lik hekseprosessene?

Konstitusjonelt ansvar

Justisdepartementet har i 15 år hatt informasjon som tilsier det siste. Sammenhengen mellom offentlig panikk, menneskerettsbrudd, og tidligere tiders vilkårlige forfølgelse er dokumentert i *Human Rising*, en rapport som ble overgitt norske myndigheter i 2010, og maktbruken på rusfeltet burde vært stanset for ti år siden. At ingenting har skjedd, skyldes som Rolleforståelsesutvalget påpeker manglende tilsyn og ledelse, samt at ingen vil sprekke et troll, for heller enn å bry seg om usunne tendenser har Justisministeren vært opptatt av å «snakke» tillit opp. Er ikke behovet for å «snakke opp» tillit nok et Orwellsk trekk? Indikerer det ikke at en korrupt kraft har fått tak på systemnivå, som ikke vil gi slipp?

Det er ingen tvil om at et større troll er i ferd med å sprekke, selv om Justisministeren forsøker å avlede oppmerksomheten. Som Rolleforståelsesutvalget påpeker, lever vi i en brytningstid, og den korrumperende kraften som ikke vil gi slipp næres av det narkotikafrie idealet som ligger til grunn for både Justisministerens og den tidligere NNPF-fraksjonens ruspolitiske holdninger. Riksadvokaten, FN, Europarådet, og stadig flere land har forlatt dette idealet fordi forbudet ikke fungerer. De har skjønt at jo mer energi staten bruker på å bekjempe narkotika, desto mer skade påføres, og kan en straffelovgivning som bygger på feil vitenskapelig grunnlag være nødvendig og forholdsmessig? Er det ikke et minstekrav for et rettssystem at man bygger på et regelverk som har vitenskapelig grunnlag?

Justisdepartementet har i samarbeid med Riksadvokaten fastsatt virksomhetsspesifikke mål og styringsparametere som gjelder for hele virksomheten. Den høyere påtalemyndighet har som virksomhetsspesifikt mål å sørge for at straffesaksbehandlingen er rettssikker og holder høy kvalitet, men ingen vet om politiloven i det hele tatt følges når mindre inngripende midler ikke er prøvd. Hvis stadig flere land regulerer cannabismarkedet for å beskytte folkehelse, betyr ikke det at straffeloven har sviktet i å forfølge et legitimt formål? Følger det ikke som innlysende?

Verken regjeringen, Justisdepartementet, eller andre jurister har forklart hvorfor et skille mellom lovlige og ulovlige stoffer må videreføres eller forskjellen mellom forbudstilhengerne og prestestyret i Iran. Fra et konstitusjonsetisk ståsted tråkker Justisdepartementet, Stortinget, og regjeringen på de samme prinsipper som totalitære regimer andre steder i verden, så bør ikke Ansvarlighetsloven vektlegges? Ville ikke det sørge for god signaleffekt om målet er å sikre rettsstaten?

Riksadvokaten sier i sitt innspill til rusreform at «Dersom det dreier seg om handlinger som ligger i periferien av hva som bør være straffbart, bør begrunnelsen for å bruke straff med jevne mellomrom utfordres slik at det kan utforskes om den fortsatt står ved lag.»

Nå er status, etter 60 år, at ingen kan vise til nytte av rusforbud. Hva forbudstilhengerne resiterer er deres egen fryktbaserte tro, mens skaden som følger av politikken er åpenbar. Rusreformutvalget og Helsedepartementet kommer på denne bakgrunn til at straff for bruk av narkotika ikke kan forsvares, så hvordan kan vi stole på den politiske prosessen? Viser ikke strømprisen at tysk jernbane har bedre representanter på Stortinget enn norske borgere? Fortsetter ikke ruspolitikken sin skjeve gang fordi politisk vilje til kvalitetssikring uteblir?

Det har vært flere rettsskandaler, selv om vi har til gode å se en som denne. I trygdesaken var det ifølge granskningsutvalget slik at flere regjeringer rettet for stor oppmerksomhet mot bekjempelse av trygdemisbruk og reduksjon av trygdeeksport og for lite oppmerksomhet mot hensynet til å sikre enkeltpersoners rettigheter. Rolleforståelsesutvalget har allerede påpekt at styringsjussens prioritet på bekostning av rettighetsjuss er et systemisk problem, så har ikke det samme mest sannsynlig skjedd på rusfeltet? Har ikke flere regjeringer rettet for stor oppmerksomhet mot bekjempelse av narkotikamisbruk og reduksjon av narkotikaeksport og for lite oppmerksomhet mot hensynet til å sikre rettigheter?

Det er ingen tvil om at det narkotikafrie idealet har gjort stor skade på rettsstaten. I 60 år har ruspolitikken vært styrt av panikk, og samtlige institusjoner som skulle sørge for rettssikkerheten har sviktet sitt samfunnsoppdrag. Ikke bare Justisminister, men domstoler, Riksadvokat, lovgiver, politi- og påtalemyndighet, og Kontroll- og konstitusjonskomiteen har et problem som må avhjelpes, og det er viktig å understreke at menneskerettighetene ikke begynner å virke den dagen staten anerkjenner dem. Menneskerettighetene har effekt fra den dagen forfulgte grupper krever et effektivt middel, som er 16 år siden, og Ansvarlighetsloven gjør klart at det skal påtales ved riksrett når Statsrådets, Høyesteretts eller Stortingets medlemmer har brutt konstitusjonelle plikter. Ansvarlighetslovens § 10 straffer med bøter eller med fengsel inntil 2 år det medlem av Statsrådet som viser uforstand eller forsømmelighet i sin virksomhet, og i etiske retningslinjer om forholdet mellom politisk ledelse og embetsverk står følgende om Justisdepartementets ansvar:

Embetsverket skal legge til rette for effektiv ressursbruk, og utøve sitt arbeid så effektivt som mulig. Innenfor rammene av statsrådens overordnede ansvar og ledelse, skal embetsverket sørge for god styring og ledelse. Effektivitet handler både om kostnadseffektivitet (å gjøre tingene riktig), formålseffektivitet (å gjøre de riktige tingene) og prioriteringseffektivitet (å prioritere mellom ulike mål, formål eller politikkområder (som kan være i konflikt med hverandre) slik at man samlet sett oppnår høyest mulig grad av måloppnåelse.

Det er vanskelig å forestille seg en politikk som har større moralske, menneskelige, og økonomiske omkostninger, samt mindre måloppnåelse enn ruspolitikken. Etter 60 år med straff viser den samlede innsikten at jo mer politiet griper inn på rusfeltet, desto mer vold, desperasjon, overdoser, og utrygghet oppstår, så er det ikke klart at Justisdepartementet har sviktet hensynet til faglighet og kontinuitet over tid?

Embetsordningen har lange historiske røtter, og er forankret i Grunnloven. Embetsmennene skal spille en rolle som voktere av våre felles institusjoner, rettsstaten og folkestyret. Samfunnsoppdraget er å styrke rettsstaten og ivareta hensynene til uavhengighet og rettssikkerhet med en ordning som har bred legitimitet, og arbeidet i forvaltningen bygger på et sett av grunnleggende verdier. I forvaltningsmeldingen heter det at «forvaltninga [skal], uten hensyn til den politiske fargen til den regjeringa som til enhver tid sitter, fremme *demokrati* og *rettstrygghet* og stå for *faglig integritet* og *effektivitet*», men har ikke lojalitet til forbudspolitikken hindret dette?

For Justis er samfunnsoppdragets kjerne å ta hensyn til innbyggernes interesser, tilstrebe likebehandling og opptre med respekt overfor det enkelte individ. Det fremstår klart at departementet i sin utøvelse av forvaltningsmyndighet ikke har foretatt en reell avveining mellom allmenne samfunnshensyn, ivaretakelse av rettsstatsprinsipper for innbyggerne (for eksempel rettsikkerhet) og den enkelte innbyggers saksinteresser. Forpliktelsen til grundighet kan umulig sies ivaretatt ettersom forbudet har gjort det tabu å belyse et større bilde, så har ikke Justis sviktet å ivareta hensynet til statens omdømme?

Det følger av hensynet til innbyggerne og statens omdømme en plikt at statsansatte skal reise de nødvendige motforestillinger før en avgjørelse tas, slik at det gjennom saksforberedelsen presenteres et mest mulig fullstendig bilde av de hensyn og verdier som gjør seg gjeldende. Allikevel ser vi at Justis i 60 år har fremmet en ruspolitikk på totalitære premisser, uten at mindre inngripende alternativer er utredet. Dette til tross for at kontrollomkostningene er enorme og gevinsten usikker, så har ikke departementet sviktet hensyn til rettssikkerhet for innbyggerne?

Faglig uavhengighet må ses i sammenheng med lojalitet og nøytralitet. Kravet til faglig uavhengighet gjelder hele statsforvaltningen og innebærer en rett og plikt til å reise faglig begrunnete innvendinger eller motforestillinger til politiske og administrative overordnetes synspunkter og til etablert praksis, der det måtte være nødvendig. Plikten til å gjøre ledelsen oppmerksom på svakheter i synspunkter eller praksis, kan også begrunnes ut fra lojalitetsprinsippet, så har ikke ansatte på lovavdelingen sviktet fagansvar? Har ikke avdelingen siden NOU 2002:04 sett bort fra flere utredninger for å tilfredsstille den politiske ledelsen?

MGDs justispolitiske talsperson oppsummerte situasjonen når hun i august 2024 sa at politiet opererer utenfor loven med justisministerens velsignelse, og forsvaret er enig med henne i at det «er dessverre ingen overraskelse at Mehl ser mellom fingrene på en ulovlig praksis som hun har vært åpen om at hun ønsker å lovliggjøre». Det er imidlertid innlysende at straff videreføres på tilbakeviste premisser. Det er like klart at straff uten grunnlag er vilkårlig, og det er ille at stortinget kan la Justisministeren rasere den etaten som mest av alle er avhengig av tillit. Styringsdokumentene tar utgangspunkt i å få *mest mulig kriminalitetsbekjempelse ut av hver krone*, og er det ikke derfra klart at justis har sviktet sitt samfunnsoppdrag?

Begrepet *effektivitet* er krevende å definere, men går i enkelhet ut på at man skal nå angitte mål innen en fastsatt tid og innenfor rammen av avsatte ressurser. Så hvordan vi du si at justis har ivaretatt ansvar for rusfeltet? Har økte maktmidler og budsjetter gjennom 60 år resultert i mindre narkotikabruk eller mindre omsetning? Er Norge nærmere målet om et narkotikafritt samfunn eller er måloppnåelsen er lik null?

Ingen kan påstå at straff har tatt oss nærmere målet. Hvis måloppnåelsen er lik null, men forbudet forblir etablert og udiskuterbar politikk på tross av store og negative ringvirkninger, er ikke dette bevis på at rettighetsjuss og rettssikkerhet forblir nedprioritert og at politistat har vokst frem?

Faktum er at Justisdepartementet siden 2009 har trenert avklaring av menneskerettigheter. AROD har presentert et sammenhengende argument for rettighetsbeskyttelse, men i 15 år har ni justisministere nektet å belyse en blindsone. Justisdepartementet har på dette viset medvirket til at politiske argumenter får et falskt faglig skjær, samt at politiske standpunkter framstilles som de beste eller de eneste faglig akseptable løsningene, selv om andre løsninger er faglig akseptable. Rettssikkerhetsgarantier tilsier at departementet skal fremme den minst mulig inngripende løsning, og at det må være et troverdig forhold mellom mål og middel, men i 20 år har norske utredninger bekreftet det manglende grunnlaget for straff – og i over 100 år har internasjonale rapporter gjort det samme – så er det ikke klart at Justis har sviktet ansvaret for ruspolitikken?

Også relevant er Ansvarlighetslovens § 11, som anfører at «Den der som medlem av Statsrådet på annen måte enn nevnt i denne lovs øvrige bestemmelser ved handling eller undlatelse bevirker noget som er stridende mot Grunnloven eller rikets lover, straffes med bøter eller med fengsel inntil 10 år».

Justisministeren har ikke bare motsatt seg Rusreformutvalgets rapport og sett bort fra

Grunnlovens vekt; statsråden er øverste beskytter for en ukultur som viderefører vilkårlig forfølgelse 16 år etter at de forfulgte søkte rettsstatens beskyttelse, og situasjonen kan bare gå ustraffet så lenge systemet som helhet svikter ansvar for minoritetsbeskyttelse. Tror du at det er derfor Justisministeren advarte mot å bruke for mye tid på Rolleforståelsesutvalgets rapport? Er det for mange skjeletter i skapet og en frykt for at rettighetsjuss skal bli tatt på alvor?

Hva med Høyesterett? Dommerne kan legge noe av skylden på påtalemyndigheten som holdt bevis tilbake, men prøvelsesretten er klar, og et viktig ledd i maktbalansen har sviktet. Hva annet enn manglende integritet hos ni Høyesterettsdommere har fått domstolen til å se vekk fra forbindelsen til fortidens vilkårlige forfølgelse?

Hva med Førstestatsadvokaten? Ansettelsesforholdene i staten er underlagt særskilt lovregulering fordi mange arbeidstakere i staten utøver offentligrettslig myndighet overfor innbyggerne, med de særlige krav dette stiller til lovhjemmel, likebehandling, rettferdighet, forutberegnelighet, nøytralitet og kontradiksjon. For nasjonen er det viktig at statsadvokater er spesielt oppmerksomme på slike verdier. Hvordan har du i en krise for rettstaten bidratt til likebehandling, rettferdighet, nøytralitet og kontradiksjon?

Det fremstår som at du som Førstestatsadvokat ikke vektla klare forpliktelser. I Etiske retningslinjer for medarbeidere i påtalemyndighetens retningslinje nr. 1, står det at «Enhver medarbeider i påtalemyndigheten skal opptre på en måte som fremmer en rettssikker og tillitsvekkende strafferettspleie i samsvar med lov og rettsorden. Referansen til lov og rettsorden er ment å skulle dekke alle regler og retningslinjer som er gitt i eller i medhold av lov og Grunnlov. Også folkerettslige regler som norske myndigheter er forpliktet etter, er omfattet. Rettsorden omfatter dessuten grunnleggende verdier og prinsipper som en rettsstatlig strafferettspleie bygger på, herunder rettssikkerhet, likhet for loven og individets grunnleggende frihet og autonomi». Hvordan sikret du som Førstestatsadvokat slike verdier når du motarbeidet prøvelsesrett?

I Etiske retningslinjer for medarbeidere i påtalemyndighetens retningslinje nr. 3, står det at «Påtalemyndigheten skal opptre objektivt i hele sin virksomhet, herunder på etterforskingsstadiet, når det treffes påtalevedtak og ved iretteføring. Dette innebærer blant annet at en også skal undersøke, vurdere og legge frem opplysninger som taler for en persons uskyld. Retningslinjens første ledd tilsvarer straffeprosessloven § 55 fjerde ledd. Annet ledd uttrykker kjernen i objektivitetsprinsippet, nemlig at også påtalemyndigheten har et selvstendig ansvar for at opplysninger som taler til siktedes gunst – og ikke bare de som taler for skyld – blir undersøkt, vurdert og lagt frem». Hvordan forholdt du deg som Førstestatsadvokat til opplysninger om straffefrihet? Ble de undersøkt, vurdert, og lagt frem?

I Etiske retningslinjer for medarbeidere i påtalemyndighetens retningslinje nr. 4, står det at «Påtalemyndighetens medarbeidere skal opptre slik at det ikke kan stilles spørsmål ved påtalemyndighetens nøytralitet». Når straffefrihetsgrunner ikke undersøkes, har du ikke også sviktet påtalemyndighetens krav om upartiskhet?

I Etiske retningslinjer for medarbeidere i påtalemyndighetens retningslinje nr. 5, står det at «Påtalemyndighetens medarbeidere skal utføre sin jobb med integritet, uten tanke på egen fordel eller ulempe. Integritet er knyttet til sannhetssøken». Dette er viktig, og styrket eller svekket du rettssikkerheten/påtalemyndigheten ved å se bort fra straffefrihetsgrunner?

I Etiske retningslinjer for medarbeidere i påtalemyndighetens retningslinje nr. 6, står det at «Medarbeiderne i påtalemyndigheten skal se til at straffesaksbehandlingen er forsvarlig og holder høy kvalitet». Når straffefrihetsgrunner ikke undersøkes, til tross for at en avklaring ville ugyldiggjort politiets maktmiddelbruk, er ikke kravet om kvalitet og effektivitet brutt?

I Etiske retningslinjer for medarbeidere i påtalemyndighetens retningslinje nr. 7, står det at «Påtalemessige vurderinger skal foretas og avgjørelser treffes uten forutinntatte holdninger. Enhver, både ledere og andre, skal bidra til en kultur som legger til rette for og etterspør faglige motforestillinger, etiske refleksjoner og bevissthet i utøvelsen av påtalemessige oppgaver. En skal være bevisst på forhold som øker risikoen for uriktige domfellelser, og innrette sitt arbeid slik at justisfeil forebygges og unngås så langt som overhodet mulig». Sviktet du ikke som Førstestatsadvokat også retningslinjen om faglighet? Overså du ikke åpenbare og veldokumenterte straffefrihetsgrunner for at politiets maktmidler, budsjetter og prestisje skulle videreføres?

Hva tenker du om din egen rolle i komplottet for å videreføre straff på tilbakevist grunnlag? Når du ser tilbake, er det noe du ville gjort annerledes?

For forsvaret fremstår det opplagt at Rolleforståelsesutvalgets fokus på en konflikt mellom styringsjuss og rettighetsjuss, hvor menneskerettigheter er blitt skadelidende, har blitt bekreftet i retten. Vi har også sett hvilket monster som lurer bak ruspolitikken, for tyranniet bygges alltid på gode intensjoner. Det følger derfra at oppvåkningen er smertefull, men tilgivelse er lett så lenge det finnes lærdom. Så hva har du lært av historisk og prinsipiell kontekst? Er ikke nedprioritering av rettighetsjuss årsaken til ruspolitikkens skjeve gang? Forklarer ikke dette avvisningen av Straffelovkommisjonens anbefalinger og Rusreformutvalgets påvisning av offentlig panikk? Bekrefter ikke styringsjussens prioritet manglende rettighetssikring, og knytter ikke rettighetsjussen Riksadvokatens funn av menneskerettsbrudd i mindre narkotikasaker til et større bilde?

Om vi ser tilbake har Straffelovkommisjonen, Rusreformutvalget, Rolleforståelsesutvalget, og Riksadvokatens undersøkelse om maktmidler i mindre narkotikasaker belyst utfordringer på rusfeltet. Til tross for dette, har storting, regjering, Justisdepartement, politi, påtalemyndighet og domstoler opprettholdt en blindsone. Flere hundretusen straffesaker er reist på konstitusjonelt tvilsomt grunnlag etter at Høyesterett i 2010 aviste prøvelsesretten uten forsvarlig begrunnelse, og et åpent sår i rettshistorien må helbredes.

Det gjenstår å se om en upartisk og kompetent domstol vil fastslå at forbudet er nødvendig i et moderne samfunn, men hva er dine tanker om behovet for en sannhets- og forsoningskommisjon? Kan en slik kommisjon bringe lys over den innvirkning som straffelovens §§ 231 og 232 har hatt på enkeltpersoner, familier og lokalsamfunn? Kan den forme ruspolitikken mer i tråd med vesentlige verdier, og bør Norge få en slik kommisjon?

Hva tenker Førstestatsadvokaten om denne anledningen til å bringe integritet til rettssystemet? Vil du i det videre ta avstand fra ruspolitikken og slutte å straffe på tilbakeviste premisser? Vil du bli en kraft for rettighetsjuss eller vil du fortsette som før?

Made in the USA
Middletown, DE
12 November 2024